한경MOOK 한경MOOK는 빠르게 변화하는 사회 흐름에 발맞춰 시시각각 현상을 분석하고 새로운 대안과 인사이트를 제시하기 위한 무크 형태 단행본을 발행하는 한국경제신문사의 새 브랜드입니다.

한경 MOOK

2024 부동산 전망

전문가 50인의 부동산 대예측

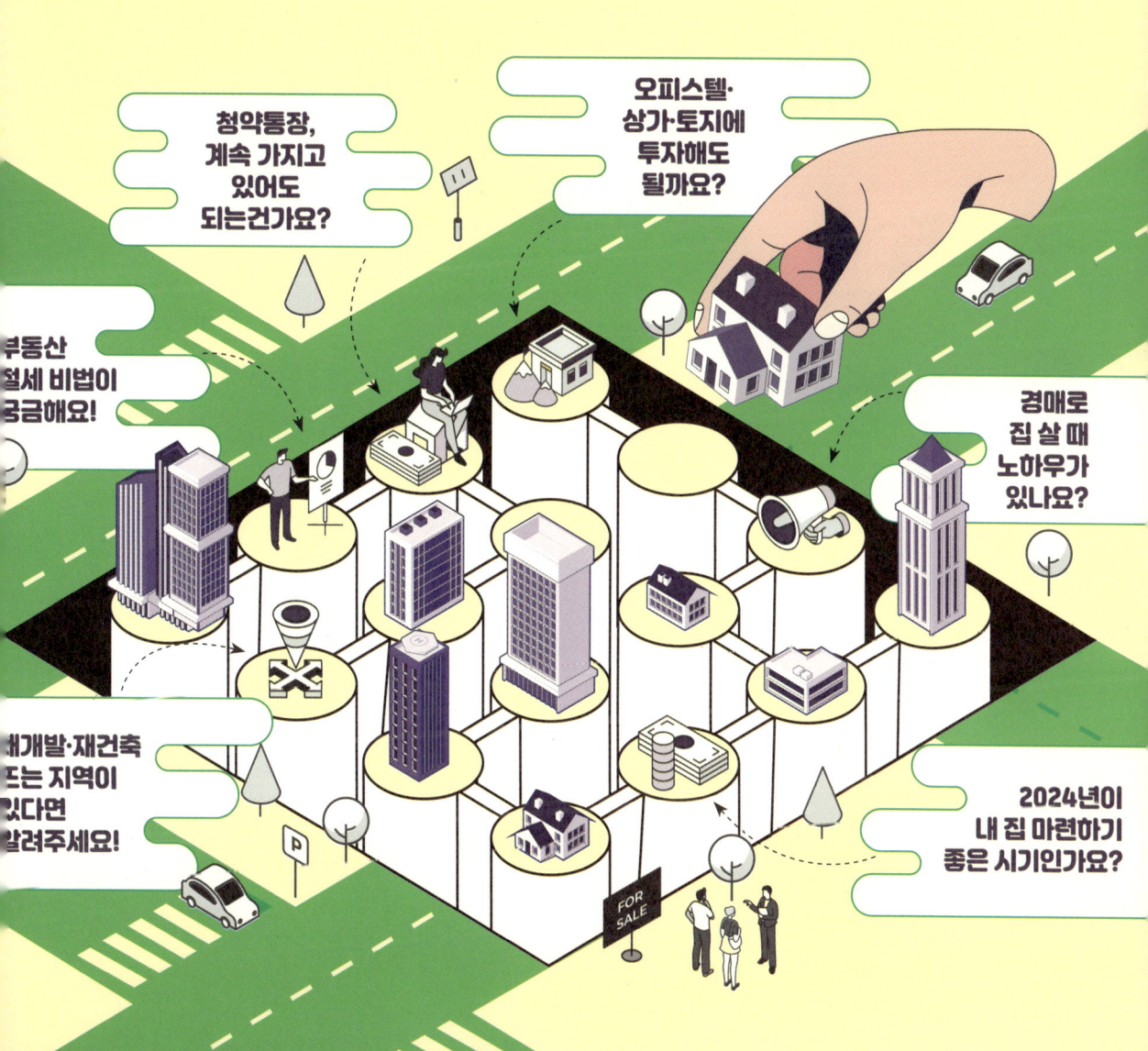

CONTENTS

2024 부동산 전망
전문가 50인의 부동산 대예측

014
: SECTION 1
고수들의 시장 전망

- **016** 강세론의 주장
  2024 내 집 마련, '오늘'이 적기다
- **022** 약세론의 주장
  2024 내 집 마련, 기다려야 할 때다
- **028** 부동산 고수 인플루언서들이 바라본 2024 부동산 시장
  "집값 하락기에 기회가 온다"
- **032** 국내 기관이 예측한 2024 부동산 시장
  2024 부동산 시장 향한 7개의 시각

038
: SECTION 2
내 집 마련, 이렇게 하라!

- **040** 공공분양주택 '뉴홈'
  '내 집 마련' 관심 있는 청년들 '뉴홈'을 주목하라!
- **044** 청약
  청약 로또 없어도 새 아파트 살 수 있다!
- **048** 경매
  경매로 내 집 마련하기 전, '권리 분석' 필수!
- **052** 재개발·재건축
  "이제 본격적인 옥석 가리기"
- **058** 1기 신도시 투자
  1기 신도시 투자, 장기 투자 관점 접근은 유효

: Opening

- **006** **PROLOGUE**
  2024 부동산 시장,
  '위기'를 감당하는 이들이
  주도한다
- **008** **INFOGRAPHIC**
  한눈에 보는 2024년 입주 예정
  아파트 & 교통 호재
- **010** **SURVEY**
  2024 부동산 시장은 빨간불?
  부동산 전문가 50인에게 물었다

064
: SECTION 3
부동산으로 돈 벌기

- 066 **토지**
  2024 토지 투자 공략 포인트
- 074 **오피스텔**
  오피스텔 시장 냉각기 지속…2024년 기회는?
- 080 **상가**
  2024 상가 투자 절호의 타이밍 될 수도
- 086 **GTX 등 광역교통망**
  동탄 아파트 20억 돌파
  GTX 조기 개통되면 더 뛸까

090
: SECTION 4
절세부터 노후까지

- 092 **부동산 절세 A to Z**
  세금 폭탄 피하려면 꼭! 알아야 할 부동산 절세법
- 100 **부동산 상속·증여의 모든 것**
  똑똑하게 물려주기 위한 상속·증여 노하우
- 106 **실버타운 전망**
  고령화 시대에 각광받는 시장, 수요는 늘고 공급은 부족
- 114 **해외 부동산 투자**
  문턱 낮아진 해외 부동산 시장

: Closing

- 122 **POLICY**
  2024 금리 전망 & 대출 활용법
- 128 **LIST**
  전세보증보험 한눈에 비교하기
  전세계약 핵심! 체크리스트
- 130 **TREND ①**
  "한땐 아파트 못지 않았는데"
  …비아파트, 어찌하오리까
- 132 **TREND ②**
  상승하는 분양가…
  서울·분상제 지역만 '대박' 행진
- 136 **TREND ③**
  "입주하기가 겁나요"…
  부실공사와 사전 점검
- 142 **CHART**
  시도별 아파트 입주예정 물량 및
  수도권 광역 철도 계획 완전 정리
- 146 **SPECIALIST**
  〈2024 부동산 전망〉을 만든
  스페셜리스트

PROLOGUE

2024 부동산 시장, '위기'를 감당하는 이들이 주도한다

'위기(危機) = 위험(危險) + 기회(機會).'
위기는 본래 위험한 시기라는 뜻이다. 하지만 '기'가 기회의 '기'와 동일하다 보니 위기는 위험과 기회라는 합성어라고 해석하는 이들도 있다. 실제 재테크에서 위험은 기회와 함께 오기도 한다. 불안한 환경에 리스크가 큰 투자대상은 성공 시에 높은 수익률을 가져다준다.

연말 분위기는 지난해 이맘때와 꼭 같은 모양새다. 유례없는 금리상승과 물가폭등까지 정신을 차릴 수 없을 정도로 몰아치면서 부동산 시장은 그야말로 살얼음판이었다. 누구 하나 살 생각도 팔 생각도 없던 시기였다. 그러던 중 올해 초 지인이 서울 대치동 은마아파트를 매수했다는 소식을 듣게 됐다. 잠실에서 두 딸을 키우면서 강남 입성을 준비하던 지인이었기에 크게 놀랍지는 않았다. 하지만 왜 남들이 선뜻 나서지 않는 시기에 나홀로 강남 재건축 아파트를 샀는지 궁금했다. 지인의 답은 간단했다. "이 정도 가격이면 자금조달이 가능한 수준이기 때문"이었다. 목표가 있고, 이를 위해 차곡차곡 준비했기에 과감한 결정도 할 수 있었다는 얘기다. 두 딸도 친구들과 헤어지게 됐지만, 이사하는 데 반대가 없었다고 한다. 평소에 '이 동네로 이사가겠노라'고 얘기해온 터여서다. 돌이켜보면 지난해 말부터 올해 초까지 집값이 급락했던 시기는 매수자들에게 기회의 시간이기도 했다.

2024년에도 이런 기회가 올까. 이번 〈2024 부동산 전망〉을 내놓을 생각을 한 건 이런 의문에서 시작됐다. 부동산 시장은 문재인 정부 시절 5년간의 상승기와 윤석열 정부 들어 1년간의 냉각기를 거쳤다. 시장을 둘러싼 환경은 언제나 만만치 않았다. 각종 부동산 관련 규제 및 세금이 쏟아지는 시기에 코로나19 사태까지 맞았다. 조건만 늘어놓고 보면 집값이 하락해야 맞지만, 결국엔 그렇지 못했다. 각종 규제를 풀어주고 코로나19의 위험에서 벗어났지만, 물가폭등과 금리인상을 마주하면서 집값은 속절없이 떨어졌다. 앞선 5년 동안 '먼저 산 사람'과 '나중에 판 사람'이 돈을 벌었고, 최근에

by_ 김하나 한경닷컴 금융부동산부장

는 '나홀로 판 사람'과 '나홀로 산 사람'이 돈을 벌었다. '기회'를 잡는 이들에서 '위기'를 감당하는 이들로 돈 버는 시대가 흘러오게 됐다.

〈2024 부동산 전망〉을 취재하면서 만난 시장 전문가들과 참여자들은 '위기'를 감당할 역량과 배포를 가진 이들이 시장을 주도할 것으로 봤다. 매수자든 매도자든 마찬가지라는 것이다. 물론 시장에 대한 전제는 '고금리', '고물가'다. 높아진 금융 조달비용과 물가상승으로 인한 공사비 및 분양가 상승은 불 보듯 뻔한 일이다. 가격은 오를 수밖에 없다는 얘기다. 그럼에도 집값이 싸다고 느껴질 가능성이 있다. 매물은 넘치는데 수요가 줄어 시장가격이 떨어지거나 집값이 더 올라 금융비용을 앞지르는 경우 등이다.

일반인이 불확실성과 리스크에 베팅하기는 쉽지 않다. 반대로 손실을 감수하고 팔기도 쉽지 않다. 주식시장에서 반 토막 가까이 손실을 보고도 카카오 주식을 팔지 못하는 개인 투자자들이 200만 명에 달하는 것도 이를 방증한다. 신앙에 가까운 막연한 기대감으로 빼도박도 못하는 계좌 신세가 되면 안 된다는 얘기다.

부동산 시장에 대한 전망이 일방적이면 안 되는 것도 이러한 이유다. 정치적 배경까지 더해 '폭락론' 혹은 '상승론'에 매몰됐다가는 소중한 자산을 잃거나 기회를 날릴 수 있다. 아직까지 우리 국민의 자산 대부분은 부동산이 차지하고 있다. 저출산 시대에 1인 가구가 늘면서 부동산은 단순한 '보금자리'에서 '노후대비'까지 책임지는 동반자가 되고 있다. 그만큼 부동산을 살 때도 팔 때도 현명한 결정이 필요하다. 〈2024 부동산 전망〉이 독자들의 현명한 결정에 도움이 되는 '혜안서'가 되길 바란다.

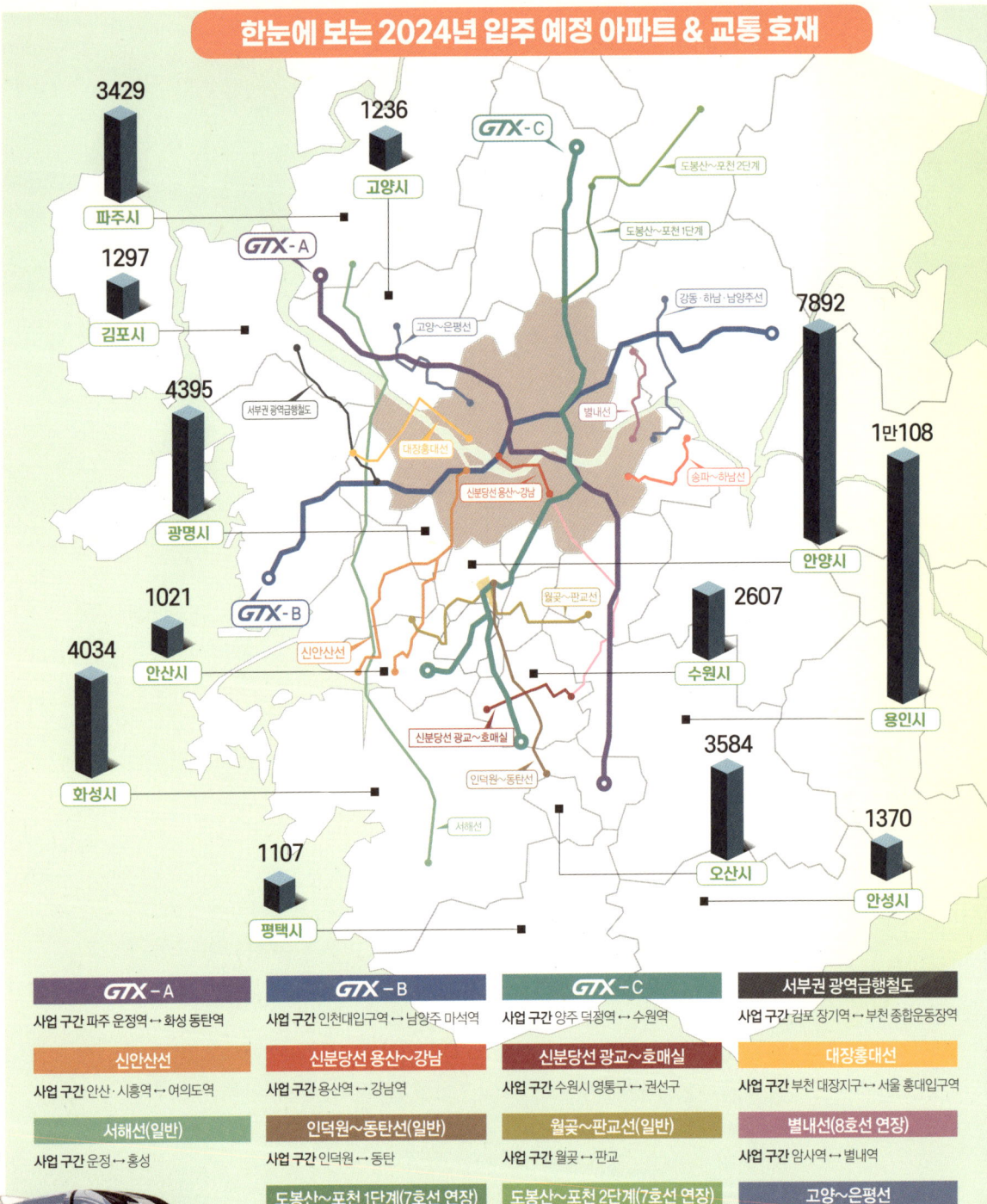

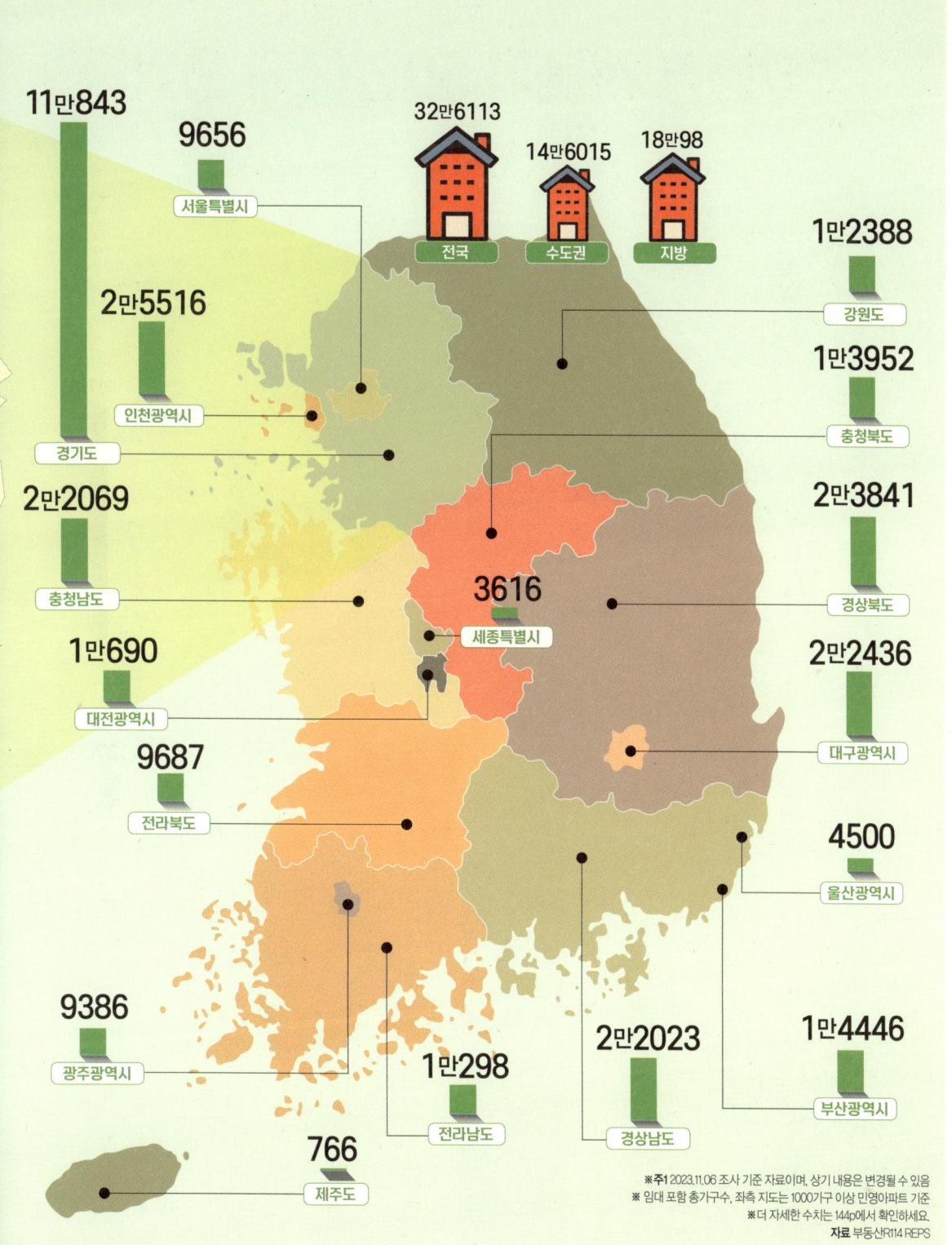

OPENING — SURVEY — 2024 부동산 시장은 빨간불?

부동산 전문가 50인에게 물었다

내년도 부동산 시장 향방에 관심이 커지고 있다. 부동산 시장 전문가들은 2024년엔 서울 등 수도권 핵심지역 집값만 오를 것이라고 입을 모았다. 집값에 가장 많은 영향을 주는 요인은 금리로 지목됐다. '한경닷컴'은 부동산 전문가 50명에게 2024년도 부동산 전망을 주제로 설문 조사를 실시했다.

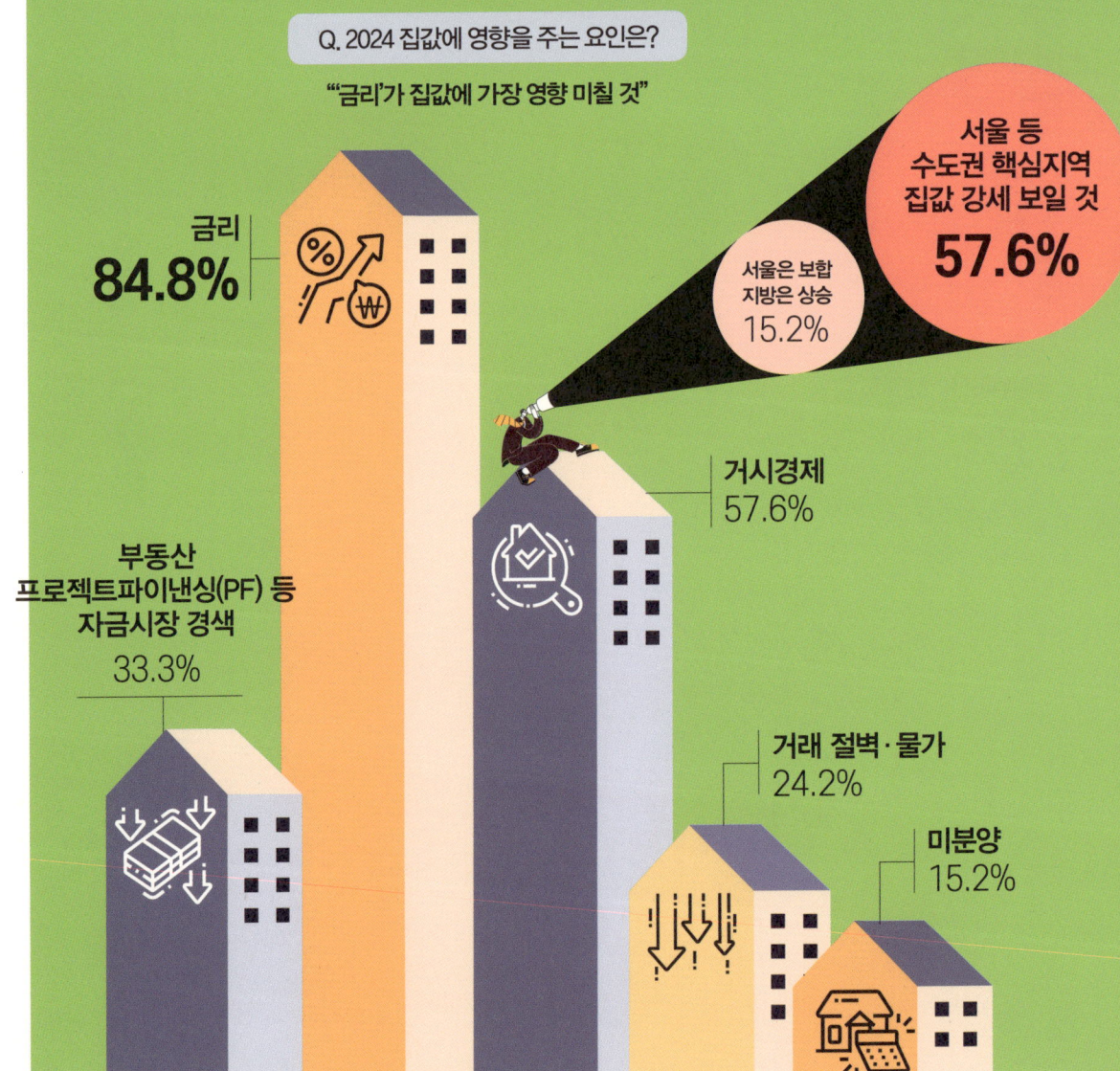

Q. 2024 집값에 영향을 주는 요인은?
"'금리'가 집값에 가장 영향 미칠 것"

- 금리 84.8%
- 서울 등 수도권 핵심지역 집값 강세 보일 것 57.6%
- 서울은 보합 지방은 상승 15.2%
- 거시경제 57.6%
- 부동산 프로젝트파이낸싱(PF) 등 자금시장 경색 33.3%
- 거래 절벽·물가 24.2%
- 미분양 15.2%

내년도 부동산 시장 가장 큰 변수는 금리

내년 집값에 영향을 주는 요인으로는 '금리'가 84.8%로 가장 많았다. 이어 '거시경제'가 57.6%로 뒤를 이었고 부동산 프로젝트파이낸싱(PF) 등 자금시장 경색도 33.3%로 높은 응답률을 보였다. 거래 절벽·물가(24.2%), 미분양(15.2%) 등도 집값에 영향을 줄 것으로 봤다.

함영진 직방 빅데이터랩실장은 "서울 등 수도권 위주의 매매가 이뤄지면서 이들 지역이 시장을 주도하는 현상이 유지될 것으로 본다"며 "시장에 가장 큰 변수는 금리가 될 것"이라고 내다봤다.

우병탁 신한은행 부지점장도 "올해 하반기부터 본격화한 수도권 쏠림 현상이 해소될 뚜렷한 변수가 없는 상황"이라면서 "가격이 강세를 보이는 흐름이 내년 한 해 동안 이어질 것"이라고 예상했다.

내년 전세 수요 증가…비아파트 역전세 심화

내년 전세 시장과 관련해선 '전세 수요가 증가할 것'이라는 응답이 66.7%로 압도적으로 많았다. '늘지도 줄지도 않는 보합'이 18.2%로 뒤를 이었다. 전셋값이 오를 것으로 본 이유는 내년 입주물량 감소, 월세 상승에 따른 전세 선호현상 강화 등이 꼽힌다.

윤지해 부동산R114 수석연구원은 "내년 수도권에선 입주물량이 크게 줄어든다. 전셋값이 강세를 보일 가능성이 높다"며 "전셋값은 매매가격에 연동되는데 집값이 상승 추세에 있는 만큼 전셋값도 따라갈 가능성이 높다"고 말했다. 이어 "최근 들어 월세가 오르면서 전세 대출 이자를 내는 게 더 나은 상황이 됐다"며 "월세 수요가 전세 수요로 넘어오는 점도 전셋값 상승 원인이 될 것"이라고 설명했다.

빌라(연립·다세대) 등 비아파트 임대차 시장은 내년 역전세가 심화할 것이라는 게 전문가들의 의견이다. 역전세가 더 심해질 것이라고 응답한 비율은 36.4%로 가장 많았다. 최근 수원 등을 중심으로 다시 전세 사기 문제가 불거지면서 피해 추정 규모가 눈덩이처럼 불고 있다.

김진유 경기대 교수는 "수원, 대전 등을 중심으로 전세 사기 사건이 발생한 가운데 비아파트에 대한 위험이 여전히 남아있는 상황"이라면서 "내년에도 비아파트에 대한 세입자들의 선호도는 낮을 것이다. 이는 역전세가 심화될 가능성이 높단 뜻"이라고 설명했다.

다만 전·월세 수요와 공급이 늘어날 수 있다는 응답도 27.3%로 역전세가 심화할 것이란 응답의 뒤를 이었다.

Q. 내년도 전세 시장 전망은?

전세 수요 증가
66.7%

늘지도 줄지도 않는 보합
18.2%

Q. 비아파트 시장 전망은?

역전세 심화
36.4%

전·월세 수요와 공급 증가
27.3%

OPENING — SURVEY · 2024 부동산 시장은 빨간불?

전세 사기 방지 대책

OPINION ①
전 정부에서 확대한 전세보증보험을 현실화해서 적용할 필요

OPINION ②
전세에서 월세로 자연스럽게 유도

OPINION ③
리츠 등을 활용해 대기업 월세 임대사업 등을 확대 유도

Q. 분양가 상승에 따른 영향은?

- 분양 수요 감소 **45.5%**
- 현 상태 유지 **39.4%**

권대중 서강대학교 일반대학원 교수는 "비아파트는 아파트보다 선호도가 떨어지는 것이 사실"이라면서도 "다만 내년엔 비아파트 시장이 점차 안정을 찾으면서 올해보다는 수요와 공급이 늘어날 여지가 있다"고 내다봤다.

전세 사기를 막을 대책으로는 다양한 방안이 제시됐다. 이은형 대한건설정책연구원 연구위원은 "전 정부에서 확대한 전세보증보험을 현실화해서 적용할 필요가 있다"며 "보다 엄격한 기준을 적용하고 보증보험료도 현실화해야 한다"고 주장했다.

문제가 발생하고 있는 전세 제도에서 벗어날 필요가 있다는 지적도 나왔다. 송승현 도시와 경제 대표는 "전세에서 월세로 자연스럽게 유도해 문제의 근원지에서 멀어질 필요가 있다"며 대책을 제시했고, 최원철 한양대학교 특임교수는 "리츠 등을 활용해 대기업 월세 임대사업 등을 확대해야 한다"고 주장했다.

"분양시장서도 수도권 '쏠림 현상' 심해질 것"

분양시장에서는 '양극화'가 계속될 것으로 봤다. '서울과 비서울 분양시장 양극화가 지속할 것이라고 보는지'에 대한 질문에 응답자 75.8%가 심화할 것이라고 답했다. 분양가 상승에 따른 영향에 대해선 '분양 수요가 감소할 것'이라는 답이 45.5%로 가장 많았다. '현 상태가 유지될 것'이라는 응답도 39.4%에 달했다.

Q. 서울 중심의 청약 경쟁률 상승 지속될까?

- 상승 흐름 유지 **48.5%**
- 상승 심화 **33.3%**
- 감소 **15.2%**

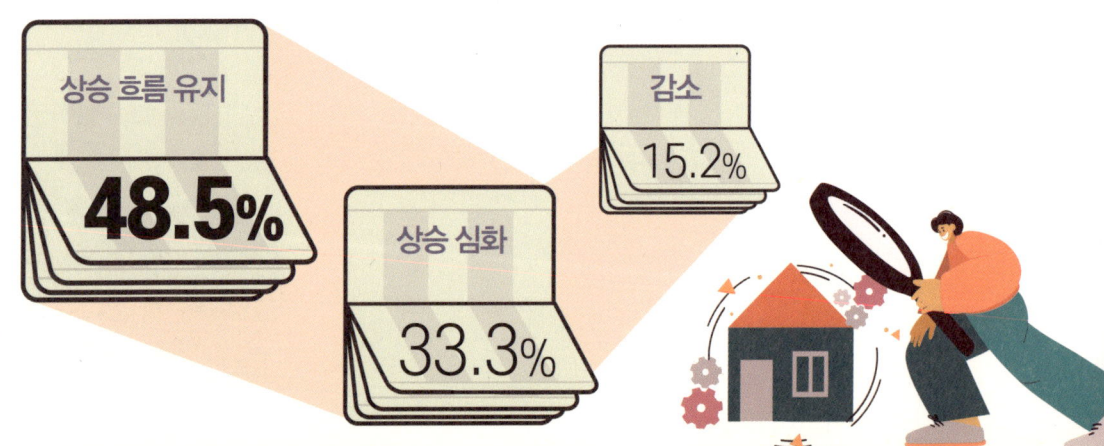

'서울을 중심으로 이어지고 있는 청약 경쟁률 상승 흐름이 유지될 것으로 보는지'에 대한 질문에는 48.5%가 유지될 것이라고 봤다. 33.3%는 청약 경쟁률 상승이 심화할 것이라고 답했다. 감소할 것이란 의견은 15.2%에 그쳤다.

가파른 공사비 상승은 재건축과 재개발 시장에 타격을 줄 것이라는 전망도 나왔다. 응답자의 63.6%는 공사비 인상이 재건축과 재개발 시장에 영향을 끼칠 것이라고 답했다. 현재와 비슷하다는 의견은 30.3%로 전문가 대다수가 공사비 인상에 따라 정비사업이 원활하게 진행되지 못할 것으로 예상했다.

여경희 부동산R114 수석연구원은 "고금리 상황에서 공사비 인상에 따른 조합과 시공사 간 마찰이 재건축, 재개발 단지의 가장 큰 골칫거리가 될 것"이라고 설명했다.

윤석열 정부 들어 재건축 단지에 대한 규제를 완화해 기대감이 커졌다. 전문가들은 이런 흐름이 내년까지 유지(60.6%)될 것이라고 봤다. 기대감이 더 커질 것이란 의견도 30.3%에 달했다.

현 정부의 종합부동산세와 재산세 세율은 부적정하다는 의견이 42.4%로 가장 많았다. '보통'이라는 의견은 36.4%였다. '적정'하다는 의견은 18.2%에 그쳐 전문가들 대부분이 세율을 조정해야 한다고 봤다.

by_이송렬 한경닷컴 기자

Q. 현 정부의 종합부동산세와 재산세율에 대한 의견은?

- 부적정하다 **42.4%**
- 보통이다 **36.4%**
- 적정하다 **18.2%**

Q. 2024년도 재건축 기대감 유지될까?

- 내년까지 유지될 것 **60.6%**
- 기대감이 더 커질 것 **30.3%**

Q. 공사비 인상이 재개발 및 재건축 시장에 미치는 영향은?

- 현재와 비슷할 것 **30.3%**
- 영향 끼칠 것 **63.6%**

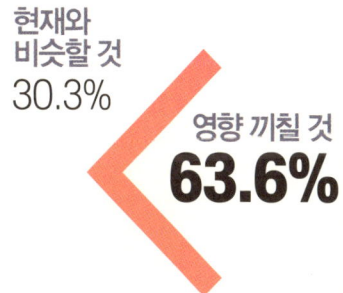

고수들의 시장 전망

오를까? 내릴까? 한 치 앞을 알 수 없는 부동산 시장. 금리 상승과 인플레이션이 겹치면서 얼어붙은 시장 분위기에 2024년 부동산 시장은 과연 어떤 국면에 접어들지 관심이 집중되고 있다. 한경닷컴 금융부동산부 기자들이 부동산 업계에 잔뼈가 굵은 전문가들을 만나 내년도 부동산 시장 전망에 대해 이야기를 나눴다. 건설·부동산 애널리스트, 은행 부동산투자자문센터장을 거친 전문가들을 비롯, 수십만 구독자를 보유한 부동산 전문 유튜버, 한국건설산업연구원, 하나금융경영연구소 등 기관까지 각계각층 다양한 분야의 전문가가 예측한 2024년 부동산 시장 전망을 담았다.

SECTION 1

알아두면 쓸모 있는 부동산 용어!

LTV vs DTI vs DSR

LTV
(Loan To Value ratio)

담보 인정 비율. 주택을 담보로 돈을 빌릴 때 인정되는 자산가치의 비율이다. 예를 들어, 시세가 5억원인 아파트를 담보로 돈을 빌릴 때 60%의 LTV가 적용된다면, 대출받을 수 있는 금액은 5억원 X 60%(0.6) = 3억원이다.
LTV = (은행의 대출 금액)/(담보 물건의 실제 가치)X100

DTI
(Debt To Income)

총 부채 상환 비율. 돈을 갚을 수 있는 능력을 소득으로 따져서 대출 한도를 정하는 계산 비율을 말한다. 예를 들어, 연봉이 5000만원인 A씨가 DTI 50%를 적용받는다면 연간 2500만원까지 대출 상환에 이용할 수 있으므로, 총 부채의 연간 원리금 상환액이 2500만원을 초과하지 않도록 대출 규모가 제한된다.
5000만원 X 50%(0.5) = 2500만원
DTI = (주택담보대출의 연간 원리금 상환액 + 기타 대출의 연간 이자 상환액)/연간 소득 X 100
※기타 대출 = 신용 대출, 카드론, 대부대출 등

DSR
(Debt Service Ratio)

총체적 상환 능력 비율. 모든 종류의 부채 원리금을 연 소득으로 나눈 값이다. DTI와 마찬가지로 돈을 빌리는 사람의 상환 능력을 따지는 지표지만, DSR은 신용대출, 카드론, 할부금, 신용카드 잔액 등 모든 부채를 연간 원리금 상환액으로 보기 때문에 조금 더 까다롭다.
DSR = (주택담보대출의 연간 원리금 상환액 + 기타 부채의 연간 원리금 상환액)/연간 소득 X 100
※기타 부채 = 신용대출, 카드론, 할부 금융, 리스 등

SECTION 1 ····· 고수들의 시장 전망 ····· 강세론의 주장

2024 내 집 마련, '오늘'이 적기다

회사원 A씨는 맞벌이 부부다.
10년 전 결혼할 당시부터 지금까지 전셋집에 살면서 내 집 마련을 꿈꾸고 있다.
2024년에는 꼭 집을 사고 싶지만, 종잣돈이 부족해 대출받아야 할 형편이다.
그런데 대출금 금리가 상승하고 있어서 걱정이다.
A씨의 고민은 2024년을 바라보고 있는 현재만의 고민이었을까.

*by*_고준석
제이에듀투자자문 대표

Profile
- 유튜브 채널 '고부자' 운영
- (前) 동국대 법무대학원 겸임교수
- (前) 신한은행 부동산투자자문센터장
- (前) 신한 PWM 프리빌리지서울센터장

공교롭게 작년 이맘 때에도 경제 상황은 비슷했다. 금리는 상승하고 주식은 곤두박질치는 등 경제환경은 불확실했다. 2022년 12월 말부터 올해 1월 초, 2023년도 부동산 시장 전망이 쏟아져 나왔다. 그런데 거의 모든 전문가가 집값 하락세가 지속될 것으로 전망했다. "내년 집값 하락세 지속…분양 물량 9년 만에 최저"라는 제목의 기사들이 쏟아져 나왔다. 시장 전망에는 전문가 10명 중 9명이 가격 하락을 전망하는 등 시장을 마냥 침체할 것으로 봤다. 하지만 필자는 2023년 하반기부터 부동산 시장이 반등할 것으로 전망했고, 현재는 유일하게 시장을 맞춘 전문가가 됐다.

2023년 집값 상승을 예상했던 이유

올해 반등을 예상했던 이유는 세 가지였다. 첫째, 주택 공급이 부족하다. 2022년 하반기 아파트 가격은 신고가가 파괴되면서 가격은 언제 그칠지 모르는 장맛비처럼 하염없이 하락하고 있었다. 당시 금리가 상승함에 따라 대출 이자 부담은 증가했고, 실수요자가 내 집 마련에 나서지 못하면서 아파트 가격은 떨어졌다. 원칙적으로 아파트 가격은 수요와 공급으로 결정된다. 즉, 공급이 많으면 가격은 하락한다. 물론 주택 공급은 단기적으로는 비탄력이기 때문에 즉시 시장 가격에 영향을 주지 못한다. 2022년 8월 16일 국토교통부는 향후 5년간(2023~2027년) 서울지역 50만 가구를 비롯해 전국에 270만 가구의 주택 공급 계획을 발표했다. 금리 상승으로 실수요자의 내 집 마

> **원칙적으로 아파트 가격은 수요와 공급으로 결정된다.
> 즉, 공급이 많으면 가격은 하락한다.
> 물론 주택 공급은 단기적으로는 비탄력이기 때문에
> 즉시 시장 가격에 영향을 주지 못한다.**

련 수요가 급감했던 시기에 주택 공급 대책이 발표된 것이다. 그만큼 주택 공급이 부족하다는 방증이었다. 우리나라는 주택 공급이 부족하므로 금리만 가지고서는 가격을 통제할 수 없다. 금리가 하락하면 아파트 가격은 언제든지 상승할 수 있다는 뜻이다.

둘째, 금리는 변동성을 가지고 있다. 2008년 8월 금융위기 당시 기준금리는 연 5.25%까지 상승했다. 그리고 2009년 2월 기준금리는 연 2%로 6개월 만에 3.25%p가 하락했다. 올해 우리나라 경제성장률 전망이 1.4%로 좋지 않은 상황에서 기준금리가 크게

현 정부의 270만 가구 공급계획

	구분	2018-2022e	2023-2027e	2023	2024	2025	2026	2027
	합계	257	270	47	53	56	56	57
공급 지역별	수도권	129	158	26	30	33	33	36
	(서울)	32	50	8	11	10	11	11
	비수도권	138	112	21	23	23	23	21
	(광역, 자치시)	48	52	9	11	11	11	9
	(8개 도)	80	60	12	12	12	12	12
사업 유형별	주요 사업 1)+2)	106	140	20	28	31	30	31
	1) 정비 사업 등	41	52	7	12	11	11	11
	수도권	22	37	5	8	8	9	8
	(서울)	8	24	3	5	5	6	5
	비수도권	20	15	2	4	3	3	3
	(광역자치시)	13	13	2	3	3	2	3
	8개 도	6	2	0.4	0.5	0.3	0.2	0.3
	2) 공공택지 등	64	88	13	16	20	19	20
	수도권	43	62	9	11	14	13	16
	(서울)	2	5	0.5	1	1	1	1.5
	비수도권	21	26	4	6	6	6	4
	광역자치시	6	16	2	4	4	4	2
	8개 도	15	10	2	2	1	2	2
	기타 사업	151	130	26	26	26	26	26

자료. 2022년 8월 16일 '국민 주거안정 실현방안'

SECTION 1   고수들의 시장 전망   강세론의 주장

> "
> 2023년 1월 5일부터 투기과열지구 및 조정대상지역이 해제됐다. 기존에 서울 전 지역과 경기도 과천시, 성남시(수정·분당구), 하남시, 광명시에 지정됐던 투기과열지구 및 조정대상지역을 강남구·서초구·송파구·용산구만 제외하고 모두 해제했다.
> "

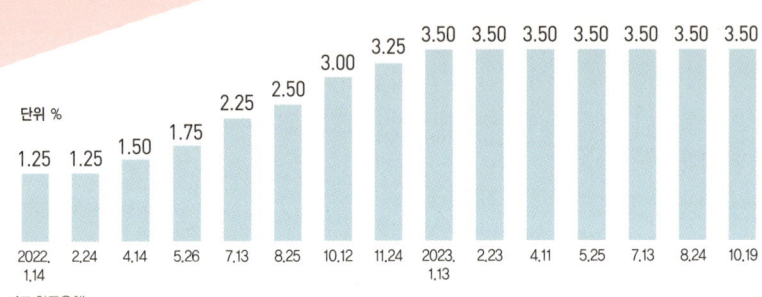

한국은행 기준금리 추이
자료: 한국은행

서울시 아파트 거래량
자료: 서울부동산정보광장

상승할 가능성이 작아 보였다. 오히려 경제 상황이 안 좋아지면 기준금리가 떨어질 가능성도 있었다. 금리는 아파트 가격을 일시적으로 통제할 힘을 가지고 있다.

금리가 상승하면 아파트 거래량이 줄어들면서 가격은 떨어진다. 2022년 1월 기준금리는 연 1.25%였다. 그런데 2022년 7월 기준금리는 연 2.25%, 6개월 만에 1%p가 급격하게 상승했다. 이후 기준금리는 올해 1월까지 3.5%까지 상승했고, 현재까지 3.5%를 유지하고 있다. 기준금리가 1년 동안 2.25%p 상승했다. 서울지역 아파트 거래량도 2022년 7월 644건으로 6월 아파트 거래량(1063건) 대비 419건이 줄어들었다. 이후 아파트 거래량은 2022년 8월부터 12월까지 700건에서 900건을 밑돌았다. 금리 상승으로 아파트 거래량이 줄어들었고, 가격도 하락했다. 그런데 고금리가 지속될수록 내성이 생기면 가격 통제 기능을 점점 상실할 것으로 봤다.

셋째, 부동산 규제가 완화되고 있다. 2023년 1월 5일부터 투기과열지구 및 조정대상지역이 해제됐다. 기존에 서울 전 지역과 경기도 과천시, 성남시(수정·분당구), 하남시, 광명시에 지정됐던 투기과열지구 및 조정대상지역을 강남구·서초구·송파구·용산구만 제외하고 모두 해제했다. 다주택자의 경우 최대 30%p까지 중과되는 양도세가 없어진다. 무주택자, 1주택자만 50%까지 허용되던 주택담보인정비율(LTV)도 최대 70%까지 허용된다. 최장 10년이던 청약 재당첨 제한도 사라진다. 이렇게 규제 지역에서 해제되면 부동산 시장이 활성화될 가능성이 높아질 것으로 예상했다.

2024년 시장 분위기도 크게 다르지 않아

2024년 시장의 분위기는 크게 다르지 않다고 본다. 부족한 주택 공급이 해소되지 않는 한 가격은 상승할 가능성이 높다. 그렇다고 아파트 가격이 천정부지로 상승한다는 뜻은 아니다.

경제성장률 범위 내에서 물가가 오르고, 그 물가상승률 범위 내에서 아파트 가격이 연착륙하는 것이 바람직하다. 2023년 1월 초 자이언트 스텝으로 금리가 상승할 것이라는 우려는 많이 꺾인 셈이다. 게다가 대출 규제 완화 등으로 실수요자들이 내 집 마련에 나서고 있다. 여기에 원자재 가격과 인건비 등도 상승하고 있다. 부동산R114 자료에 따르면 2024년 입주 아파트는 9656가구로 2023년(3만2341가구) 대비 2만2685가구 감소할 것으로 예상된다. 이렇게 주택 공급이 부족한 시장 상황을 고려하면, 2024년 서울과 수도권 지역의 아파트 가격은 완만한 상승(1~2%)이 예상되지만, 지방은 보합 수준

부족한 주택 공급이 해소되지 않는 한 가격은 상승할 가능성이 높다. 그렇다고 아파트 가격이 천정부지로 상승한다는 뜻은 아니다.

50년 주택담보대출, 특례보금자리론 등 저리 대출상품

구분		내용
특례 보금자리론	등장 배경	1월 부동산 시장 경착륙을 막기 위해 40조원을 출자해 만든 대출 상품
	형태	기존 변동·혼합 금리 주택담보대출을 고정금리 주택담보대출로 갈아탈 수 있게 한 '안심전환대출'과 주택 구입 장기고정금리 대출인 '적격대출'을 통합한 형태
	대상 요건	주택 : 9억원 이하 공부상 주택
		소득 : 제한 없음
		자금 용도 : 주택 용도, 기존 주택담보대출 상환, 임차보증금 반환
		주택 수 : 무주택자 또는 1주택자
	지원 내용	대출한도 : 최대 5억원
		LTV : 최대 70%(생애 최초 80%)
		DTI : 최대 60%
		만기 : 10~50년 *만기 40년은 만 39세 이하 또는 신혼부부, 만기 50년은 만 34세 이하 또는 신혼부부
	금리	기본금리(A)-우대금리(B)-기본금리 : 일반형 4.25~4.55%, 우대형 4.15~4.45%
	현황	8~9월 2차례에 걸쳐 특례 보금자리론 금리를 인상했음에도 수요가 더 늘어 9월 8일까지 신청액은 37.6조원 기록. 주택금융공사는 일반형 대상자(부부 합산 소득이 1억원 또는 집값이 6억원을 초과)에 대해서는 9월 26일까지만 신청 받음
50년 주택담보대출	등장 배경	카카오뱅크가 주담대 최저 금리를 연 3%대로 낮추고 45년 만기 상품을 출시하면서 시중 은행들의 주담대 금리 경쟁력 하락.
		2023년 1월, SH수협은행에서 가장 먼저 등장, NH농협, 하나은행 등에서 뒤를 이어 출시
	특징	초장기 상품임에 따라 DSR 비율을 낮출 수 있어 대출 가능 금액 증가. 그러나 8월 대부분의 은행에서 판매 종료

자료 금융위원회

SECTION 1 　　고수들의 시장 전망 　　강세론의 주장

으로 예상된다. 다만 기준금리가 변수다. 금리가 상승하면 기업은 투자를 보류하고, 개인도 내 집 마련을 포기하거나 연기한다. 반면 금리가 하락하면 기업은 투자를 다시 시작하고, 개인도 내 집 마련에 나선다. 2022년 1월 주택담보대출(신규 취급 기준) 금리는 연 3.85%였다. 그런데 기준금리가 상승함에 따라 주택담보대출 금리도 2022년 10월 말 4.82%까지 상승했다가 2023년 9월 말 현재 0.47%p 하락해 4.35%를 유지하고 있다.

시장가격은 '창조와 파괴' 거치면서 형성

1년 전인 2022년 12월 말로 돌아가 보자. 당시 부동산 시장의 분위기는 "아파트 가격은 더 떨어진다"가 대세였다. 여기에는 미국 기준금리 상승 전망도 한몫했다. 분위기가 달라지는 데는 1년도 걸리지 않았다. 지난 9월 서울 아파트 거래량은 3849건으로 지난 1월(1411건) 대비 2077건이 증가했다.

'강남 불패', '서울 집값 불패' 등을 얘기하려는 게 아니다. 지금까지 36년 동안 아파트 가격은 계속 상승만 하지는 않았다. KB국민은행 아파트매매지수(1986~2022년)에 따르면, 아파트 가격은 전 고점 대비 신고가가 창조됐다가 창조된 신고가는 파괴되기 일쑤였다. 아파트 가격은 금리 등 여러 가지 경제적 변수에 의해 신고가가 창조되고 파괴되는 과정을 거치면서 잠시의 정체는 있을지언정 늘 우상향해 왔다. 1971년 준공돼 여의도에서 가장 오래된 단지인 여의도 영등포구 시범아파트는 서울

여의도 시범아파트 현재

서울시가 공개한 여의도 시범아파트 입체적 경관기획

1971년 준공돼 여의도에서 가장 오래된 단지인 영등포구 여의도 시범아파트는 서울시의 신속통합기획안 시행에 따라 최고 65층, 2500가구 단지로 재건축된다.

> 아파트 가격을 10년 단위로 살펴보면 분명 30년 전, 20년 전, 10년 전 가격보다 오늘의 아파트 가격이 제일 비싸다. 거꾸로 얘기하면 오늘의 가격이 가장 싸다는 뜻이기도 하다.

시의 신속통합기획안 시행에 따라 최고 65층, 2500가구 단지로 재건축된다.

예를 들어 보자. 1971년 여의도 시범아파트 156㎡형이 571만원에 분양됐다. 입주 시작 두 달 만에 아파트 가격은 1000만원을 넘어서는 신고가를 기록했다. 이렇게 52년의 세월을 거치는 동안 가격은 창조와 파괴 과정을 거치면서 오늘의 가격 29억원을 형성하고 있다. 또한 2008년 반포자이 전용 면적 84㎡형의 분양가는 7억858만~7억7531만원이었다. 그런데 청약 당첨자들의 계약 포기로 인해 미분양 사태가 벌어졌다. 역시 반포자이도 창조와 파괴 과정이 진행됐고, 현재 가격은 33억5000만원을 형성하고 있다.

아파트 가격이 파괴됐던 대표적인 시기를 보면 앞으로의 시장도 가늠할 수 있다. 한국은행에 따르면 1998년 외환위기 당시 1인당 국민총소득은 8189달러였고, 통화량(M2)은 596조원, 가계대출 금리는 연 15.21%였다. 2008년 금융위기 당시 1인당 국민총소득은 2만1345달러였고, 통화량(M2)은 1367조원, 주택담보대출 금리는 연 7%였다. 당시에도 주택 공급은 부족했지만, 급격한 금리 상승으로 아파트 가격은 하락했다. 이렇게 과거의 경제 위기를 극복하고 우리나라 경제는 현재 성장을 지속하고 있다. 지난해(2022년 12월 말 기준) 1인당 국민총소득은 3만2886달러였고, 통화량(M2)은 3722조원, 주택담보대출 금리는 연 4.22%였다.

외환위기 때나 금융위기 당시 높은 대출 이자를 감수하고, 내 집 마련에 나섰던 실수요자는 지금은 후회하지 않을 것이다. 반면 그때 금리가 높다고 내 집 마련을 포기했다면, 오늘도 후회하고 있을 것이다. 아파트 가격을 10년 단위로 살펴보면 분명 30년 전, 20년 전, 10년 전 가격보다 오늘의 아파트 가격이 제일 비싸다. 거꾸로 얘기하면 오늘의 가격이 가장 싸다는 뜻이기도 하다. 입주한 지 50년이 넘은 여의도 시범아파트는 507배가 상승했고, 입주 15년이 지난 반포자이는 4.3배 상승한 가격을 나타내고 있다. 창조와 파괴 과정을 거치면서, 오늘의 가격을 형성하고 있다.

내 집 마련은 주식투자 하고 다르다. 아파트 가격은 단기적으로 오를 수도 있고, 떨어질 수도 있다. 순간의 전략을 가지고 내 집 마련에 나서는 것은 맞지 않는다. 그러므로 내 집 마련은 중·장기 전략으로 접근해야 한다. 인간이 돈 때문에 저지르는 실수 중 70~80% 정도는 잘못된 타이밍과 선택으로 인해 일어난다. 내 집 마련은 'When'(언제)이 아니라 'What'(무엇)이 중요하다는 얘기다. 실수요자는 가격이 더 떨어지기를 기다리지 말자. 자금계획이 섰다면, 오늘 내 집 마련에 나서자.

용어 설명

아파트매매지수

아파트실거래가격지수라고도 한다. 시장에서 실제 거래돼 신고된 아파트의 가격 수준과 변동률을 파악해 산출한 지수로, 시세를 반영한 아파트 매매가격지수보다 시장동향을 더 정확히 보여준다는 평가를 받는다. 기준시점은 2006년 1월로 이때의 값을 지수 100으로 삼는다. 전용면적별로 구분하여 지수를 생산하고, 구분하지 않고 전체면적에 대해 지수를 생산하기도 한다. 한국부동산원이 국토교통부의 위탁을 받아 생산해 15일(공휴일인 경우, 그다음 영업일)에 공표한다.

SECTION 1 고수들의 시장 전망 ········· 약세론의 주장

──── INTERVIEWEE ────

채상욱
커넥티드그라운드 대표

Profile
- 유튜브 채널 '채부심' 운영
- 건국대학교 부동산대학원 석사
- (前) 업라이즈 부동산 애널리스트
- (前) 2018년 한국경제 베스트 애널리스트 건설분야 1위

2024 내 집 마련, 기다려야 할 때다

채상욱 커넥티드그라운드 대표는 "내년 집값은 약보합세 또는 하락세를 기록할 것"이라며 "국내 부동산 시장에 있는 제약이나 구조를 살펴보면 약세 흐름이 예상된다"고 말했다.

우선 집값 상승을 제약하는 요인으로는 총부채원리금상환비율(DSR)이 꼽힌다. DSR은 쉽게 말해 대출을 받은 사람의 연소득에서 1년에 갚아야 할 원금과 이자의 비율이다. 지난해 1월 DSR 2단계가 시행됐고 같은 해 7월 DSR 3단계가 실행했다. DSR 3단계 아래서는 1억원을 초과해 대출을 받을 때 DSR 40%가 적용된다. 연소득이 6000만원이라면 1년에 갚아야 할 원리금이 2400만원을 넘어가면 대출을 받을 수 없단 얘기다.

채상욱 대표는 "지난해 DSR이 전면 도입됐다는 게 첫 번째 핵심"이라면서 "국내 가계 소득 대비 빌릴 수 있는 자금이 한정된다는 얘기다. 자산 가격이 높은 집을 돈을 빌리지 않고 사야 한다는 뜻"이라고 설명했다.

이어 "빌릴 수 있는 자금에 한계가 있다는 것은 집값이 아무리 올라도 이를 받아줄 수요가 없다는 의미다. 대출 규제가 집값의 상한선을 그었다고 보면 된다"며 "때문에 DSR이 40%를 넘어섰던 지난해 4분기 수요가 증발했고 높은 가격을 받아줄 수요가 급감하니 집값 역시 자유낙하를 한 것"이라고 덧붙였다. DSR 규제를 적용받았음에도 수도권 핵심 지역을 중심으로 집값이 빠르게 오른 것은 어떻게 설명할 수 있을까. 정부가 '돈줄'을 풀어주는 대책을 내놓으면서 '인위적인 강세장'이 나타났다는 게 그의 생각이다.

올해 초 정부는 '특례보금자리론'이라는 파격적인 대출 상품을 내놨다. 연 4%대 고정금리로 대출을 받을 수 있다는 점이 핵심이다. 구체적으로 '주택가격 6억원 이하·부부합산소득 1억원 이하'를 기준으로 우대형(연 4.65~4.95%)과 일반형(연 4.75~5.05%)으로 대출을 받을 수 있었다. 출시와 동시에 대출을 받기 위해 사람들이 몰리는 해프닝도 빚어졌다.

다만 지난 9월 27일부터 일반형의 판매를 중단하기로 했다. 가계대출 급증을 의식해서다. 현재는 주택가격 6억원 이하에 부부합산 연소득이 1억원 이하인 경우에 해당하는 우대형만 판매되고 있다.

2024년 집값, 약세 보일 것

채 대표는 "올해 3분기까지 집값이 강세를 보인 것은 정부가 돈줄을 풀어주는 대책을 내놨기 때문"이라면서 "특례보금자리론, 50년 만기 주택담보대출 등 DSR 규제를 우회할 수 있는 대책으로 시장에 돈이 풀렸기 때문에 일시적으로 시장에 돈이 몰렸다"고 짚었다.

그러면서 "DSR을 우회할 수 있는 대출 상품을 내줬지만 중요한 것은 시장에 여전히 DSR 규제가 적용 중이라는 것"이라면서 "정부가 내놓은 대책은 '가짜 강세장'을 만들었고 대출 상품은 대책 효과가 끝나면 수요가 다시 사그라지면서 약세를 보일 가능성이 높다"고 예상했다.

집값 하락 기간은 조건에 따라 달라질 수 있다고 예상했다. 그는 "집값이 '상당기간' 약세를 보일 것"이라며 "가장 크게는 소득과 가격에 따라 기간이 줄어들 수도 늘어날 수도 있"고 설

LTV·DTI·DSR 규제

LTV
(Loan To Value ratio, 담보인정비율)
- 주택 소유 여부·규제 지역별로 30~70%
- 생애 최초 80%, 무주택 1주택자 50~70%

DTI
(Debt To Income, 총부채상환비율)
- 주택 소유 여부·규제 지역별로 40~60%
- 생애 최초·서민·실수요자 60%

DSR
(Debt Servuce Ratio, 총부채원리금 상환 비율)
- 총대출액 1억원 초과 시 40%
- 총대출액 1억원 미만 시 70%

채 대표는 "올해 특례보금자리론, 50년 만기 주택담보대출 등 DSR 규제를 우회할 수 있는 대책으로 시장에 돈이 풀렸기 때문에 일시적으로 시장에 돈이 몰렸다"고 짚었다.

SECTION 1 　고수들의 시장 전망 　　　약세론의 주장

부동산 PF 전체 규모 추정액 (단위 조원)

자료 언론 보도자료 취합

명했다. 예컨대 시세가 기존보다 30% 올랐다고 가정하면 30% 가격 상승을 받아들일 만큼의 소득 상승이 있어야 한다. 만약 1년에 6%씩 올라가면 5년이 걸리는 것이고 8%씩 오르면 이보다 더 적게 걸리는 것이라는 계산이다. 반대로 가격이 오히려 하락하고 소득이 늘어난다면 집값 하락 기간은 더 짧아질 수 있다는 설명이다.

정부가 시장에 개입하면서 현재 집값은 비정상이라고 지적했다. 채상욱 대표는 "현재 시장 가격은 왜곡돼 있다. 정부가 '정책 상품'이라는 일종의 '프로그램'을 통해 집값을 부양하고 있다"며 "이는 미국 중앙은행(Fed)이 채권 매입 프로그램을 통해 미 국채 시장에 개입했던 것과 같은 방법"이라고 분석했다.

그는 "내년에도 '신생아 특례 구입자금'이라는 프로그램이 예정돼 있는데 이 프로그램 효과가 끝나는 시점에 시장은 다시 약세를 보이게 될 것"이라면서 "정부가 대출 프로그램을 내놓지 않고 DSR이라는 규제가 남아 있는 상황에선 상당 기간 집값이 약세를 보일 가능성이 높다"고 말했다.

"PF 문제가 본격적으로 수면 위로 드러난다면 경제 성장률에 영향을 줄 것이고 이에 따른 수요 감소가 이어질 것"

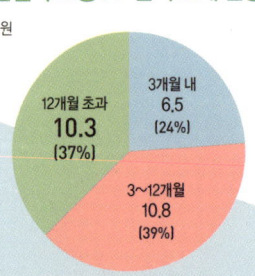

건설사 보증 PF 만기 도래 현황 (단위 조원)
- 12개월 초과 10.3 (37%)
- 3개월 내 6.5 (24%)
- 3~12개월 10.8 (39%)

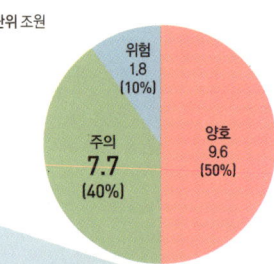

건설사 보증 PF 위험 수준 (단위 조원)
- 위험 1.8 (10%)
- 주의 7.7 (40%)
- 양호 9.6 (50%)

자료 한국신용평가 (2023년 6월 기준)

경기 김포시 한 도로에 '김포시→서울편입 공론화'를 환영하는 내용의 현수막이 걸려 있다.

> 용어 설명
>
> **메가시티**
>
> 행정적으로 구분돼 있으나 생활, 경제 등이 기능적으로 연결돼 있는 인구 1000만 명 이상의 거대 도시를 말한다. 메가시티 외에 메트로폴리스, 대도시권, 메갈로폴리스 등 다양한 용어가 비슷하게 사용되고 있다.

총선 전까지 쏟아지는 부동산 공약에 주목할 것

내년 4월 총선을 앞두고는 다양한 부동산 공약이 나올 수 있다고 내다봤다. 이미 국민의힘을 중심으로 '메가시티 서울' 등 부동산 정책이 쏟아지고 있다. 여당은 지난달 말 경기도 김포시 서울 편입을 당론으로 추진키로 했다. 이어 하남, 광명, 구리, 안양, 부천, 성남 등 서울 인근 도시도 주민이 원하면 통합을 적극 검토하겠다면서 대상 범위를 대폭 넓혔다.

이런 논의는 수도권에만 국한되지 않고 지방으로도 확산하고 있다. 메가시티 서울을 추진하는 수도권 주민 편익 개선 특별위원회 위원장을 맡은 조경태 의원은 논의를 서울에만 한정지을 것이 아니라 부·울·경, 충청, 대구·경북, 호남 등 5대 권역으로 확대할 수 있다는 입장도 내비쳤다.

채 대표는 "이미 국민의힘을 중심으로 부동산 관련 공약을 내놓는 상황이다. 내년 총선 역시 부동산 선거가 될 가능성을 배제하기 어려워졌다"면서 "총선 전까지 부동산과 관련한 다양한 방안들이 쏟아질 수 있을 것"이라고 말했다.

이어 "당장 시장에 가장 큰 영향을 미치는 것이 대출 관련 제도와 거시경제 상황인 만큼 이와 관련된 정책이 나오는지 여부를 총선 때까지 예의주시해야 할 것"이라고 강조했다.

투자 목적 내 집 마련은 '0점'짜리 투자

내년 집값이 약세를 보일 것으로 예상되는 가운데 '내 집 마련' 시점은 집을 구매하려고 마음 먹은 실수요자가

> 66
> 정부가 대출 프로그램을 내놓지 않고 DSR이라는 규제가 남아 있는 상황에선 상당 기간 집값이 약세를 보일 가능성이 높다
> 99

SECTION 1 ── 고수들의 시장 전망 ·················· 약세론의 주장

용어 설명

프로젝트 파이낸싱

프로젝트 파이낸싱(PF: Project Financing)이란 석유개발, 탄광채굴, 조선소, 발전소, 고속도로 건설 등 대규모 사업을 추진하는 경우 그 프로젝트에 필요한 대규모 소요자금과 각종 금융수요를 충족하기 위해서 동원되는 다수의 금융수단이나 투자금융기법을 통칭하는 말이다. 실제로 프로젝트 파이낸싱은 다양한 형태로 설계 운용될 수 있다.
통상적인 금융기관의 신용공여가 차입자의 신용도나 보유자산을 담보로 하여 이루어지는데 비해 PF는 프로젝트 자체의 사업성 즉, 그 경제성이나 향후 가능성을 바탕으로 한다는 점에서 특징이 있다. 또 프로젝트에 대규모의 장기자금이 소요되는 데다 사업의 수익성이 높지만 위험부담도 그만큼 크기 때문에 다수의 금융기관이 참여하는 협조융자 형태를 취하고 관련 금융기관이 출자를 통해 모기업과는 별도의특수목적법인(SPC) 즉 프로젝트회사를 설립해 같은 회사에 자금을 지원하는 형태를 취해 모기업과 프로젝트 회사 간에 리스크를 분산시키는 게 보통이다.

어떤 목적을 가졌는지에 따라 달라질 것이라고 짚었다.

채상욱 대표는 "'내 집 마련'에 나서려는 실수요자가 실거주뿐만 아니라 투자 목적으로 수년 후 차익을 예상하는 경우라면 현시점에 투자하는 것은 '0점'짜리 투자"라고 지적했다. 좋은 성과를 내기 위해선 자산의 가격이 진입하기 양호하거나 자산을 매입하는 시점이 적절해야 하는데, 내년은 아니라는 얘기다.

그는 "현재 주택 가격은 너무 높아 매수하기는 부담되는 시점이고, 시점 역시 대출 규제 등이 적용되다 보니 부적절한 상황"이라며 "매수인이 '투자'라는 목적을 제외한다면 어느 시점에든, 어떤 가격에든 매수를 해도 상관없지만 시세 차익을 노린다고 가정한다면 매수를 말리고 싶다"고 강조했다.

채 대표는 당분간 집을 구매하지 않는 게 최선의 선택이라고 설명했다. 그는 "부동산은 시간을 길게 바라보고 투자해야 하는 자산이다. 하지만 현 시장은 거시 경제뿐만 아니라 전혀 예측할 수 없는 정부 대책에 의해 크게 좌우되는 시장"이라면서 "매수 이후 대응이 어렵기 때문에 차라리 전세나 월세 등 주거비를 지불하면서 주거 서비스를 이용하고 주택 매수 자금으로는 주식 등 다른 자산에 투자해 불려나가는 것이 재테크 측면에선 유리하다"고 조언했다.

PF 문제, 부동산 시장에 간접적 영향 줄 것

불안한 부동산 프로젝트파이낸싱(PF) 시장에 대해서도 언젠가 곪아 터질 것이라고 내다봤다. 부동산 개발사업에서 PF는 큰 역할을 했다. 시행사는 '브리지론'을 받아 사업 초기 단계에서 본 사업으로 넘어간다. 하지만 부동산 시장이 얼어붙고 분양 경기가 악화하자 '돈줄'을 죄고 있는 금융사들은 PF를 꺼리게 됐다. 어차피 본 사업으로 넘어와도 분양이 원활하지 않을 것으로 예상하고 애초에 돈을 빌려주지 않는 현상이 나타나고 있다.

채상욱 대표는 "분양가가 치솟은 상황에서 높은 분양가를 감당할 만한 수요가 없기 때문에 미분양이 날 것이 자명해졌고 이런 상황이 PF 시장을 얼어붙게 만든 것"이라면서 "한 번은 문제를 터트리고 넘어갔어야 했는데 정부가 (각종 정책들을 내놓으면서) 문제를 일단 덮고 가는 것으로 선택을 한 것"이라고 지적했다. 이어 "기존 주택도 팔리지 않아 높은 가격에 매물이 쌓여가고 있는데 브리지론을 받은 사업장의 경우 건물도 올라가지 않은 땅만 있는 상황"이라면서 "땅이 다시 경공매로 매각되는 과정에서 자산 손실이

서울시 강동구 둔촌주공아파트 재건축 현장의 모습.

발생해 시행사나 대주단 등의 손실로 이어질 것이다. 문제가 안 되기는 어려울 것"이라고 강조했다.

그는 다만 "PF 문제는 시장에 직접적인 영향보다는 간접적으로 영향을 줄 것이다. 거시 경제 상황이랑 자산시장은 다르기 때문"이라면서 "과거 저축은행 사태가 터졌을 때도 자산시장과는 무관했다. 경기적인 요인으로 성장률을 잠식했기 때문에 수요 위축으로 이어진 것이다. 이번 역시 PF 문제가 본격적으로 수면 위로 드러난다면 경제 성장률에 영향을 줄 것이고 이에 따른 수요 감소가 이어질 것"이라고 내다봤다.

채상욱 대표는 "부동산 시장은 6000조원이라는 큰돈이 움직이는 시장"이라면서 "가격을 결정하는 논리가 무조건 있을 수밖에 없다"고 말했다.

이어 "시장 참여자들이 부동산 가격 결정 원리를 잘 모른다고 생각하는데 이는 부동산 시장에 관한 공부가 부족하거나 모르기 때문이 아니라고 생각한다"며 "부동산을 둘러싼 다양한 정보가 과잉 공급되기 때문에 오히려 수요자들의 판단이 흐려지는 것"이라고 말했다.

그러면서 "국내 부동산 시장은 2020년 이후부터는 더욱 금융화됐다. 가계대출 동향, 정부 대책 등에 더욱 민감하게 움직인다"며 "시장 전망을 꼭 전문가만 할 수 있는 것은 아니다. 개인도 얼마든지 시장을 깊이 있게 볼 수 있기 때문에 부동산 시장을 바라보고 현명한 선택을 했으면 하는 바람"이라고 전했다.

by_이송렬 한경닷컴 기자

> 매수 이후 대응이 어렵기 때문에 차라리 전세나 월세 등 주거비를 지불하면서 주거 서비스를 이용하고 주택 매수 자금으로는 주식 등 다른 자산에 투자해 불려나가는 것이 재테크 측면에선 유리하다

SECTION 1

고수들의 시장 전망 | 부동산 고수 인플루언서들이 바라본 2024 부동산 시장

"집값 하락기에 기회가 온다"

*by*_ 표영호
굿마이크 대표

Profile
- 유튜브 채널 '표영호TV' 운영
- 연세대학교 언론홍보대학원 문화콘텐츠 석사
- 한국미래가치 포럼 원장

여러분, 내 집 하나는 꼭 사시길 바랍니다. 다만 언제 어디를 살 것인가가 중요합니다.

"우리 집이 12억이라는데?"
친구의 다급하고 신나는 목소리가 스마트폰에서 쩌렁거렸던 시기는 2021년 3월. 분명한 것은 친구가 마포에 아파트를 산 것은 2018년 초였고 가격은 분명 7억원이었다는 점이었다. 12억원짜리 아파트라니. 당시 필자는 '이건 미친 가격'이라고 생각했다.

주택가격은 소득이 늘어나는 속도와 함께 오르는 것이 순리적인 가격이라고 봐야 한다. 그런데 소득보다 집값 뛰는 속도가 가파르다 보니 너도나도 아파트를 사는 데 혈안이 되어 있던 시기가 2019년부터 2021년 하반기까지다. 필자가 주장하던 대로 2021년 8월을 기점으로 거침없이 뛰던 아파트 가격에 이상 기류가 감지됐다. 원인은 미국의 기준금리 인상이었다.

가뜩이나 저금리를 유지하던 시기에 신종 코로나바이러스 감염증(코로나19) 팬데믹으로 경기위축을 염려하던 미국은 초저금리로 돈을 풀기 시작했다. 돈의 액수는 원화로 따지면 4000조원 규모였고 우리나라도 마찬가지로 저금리 시기에 돈을 빌리는 것은 너무나 쉬운 일이었다. 그런 돈은 부동산과 주식에 흘러들어갔다.

미국 기준금리에 흔들리는 대한민국 집값

최근 20년 동안만의 경제적 데이터와 부동산의 가격 추이를 체크해 보면 글로벌 금융위기 이후 하락하던 주택가격이 2012년까지 내림세를 탔다. 2012년부터 2016년까지는 보합 수준을 유지하다가 2017년부터 꿈틀대기 시작했고 급기야는 2021년엔 천장을 뚫었다.
대출 금리에 영향을 주는 기준금리는 2007년 금융위기 때 연 5%, 2008년에 3%를 기점으로 하락하다가 2015년부터는 1.5%로 내려앉으면서 급기야 코로나 팬데믹 시점인 2020년에는 0.5%까지 내려갔으니 2015년부터는 대출을 받아 집을 사거나 땅을 사는 것은 너무 쉬운 일이었다. 그렇게 산 것이 대출받은 이자보다 더 크게 상승하는 것을 목격한 사람들은 흥분하기 시작했고 그 흥분은 코로나 바이러

제롬 파월 미국 중앙은행(Fed) 의장의 한마디에 들썩이는 금융 시장. 서울 중구 하나은행 명동점 딜링룸 전광판.

스 전염되듯 빠르게 전이돼 영끌족(대출을 영혼까지 끌어모아 집을 장만하는 사람들)마저 뛰어들게 했다. 집값이 미친 듯이 날뛰더니 최고가를 경신하고 또 경신하는 일들이 벌어지면서 "봐봐 앞으로도 계속 오른다니까?", "공급이 부족하다고"라면서 부추기는 사람들까지 등장하면서 집값은 언제 터져도 이상하지 않은 버블을 나타냈다.

남들이 2021년에 아파트 가격과 상업용 부동산 가격이 더 오른다고 달려들 것을 권할 때 필자는 '아니다 폭락한다. 지금 사지 말고 2022년에 급매로 반토막 나는 아파트를 사야 한다'라고 주장하다가 온갖 욕을 먹었던 기억이 난다. 2022년 급락 매물이 소화되고 2023년 1월 3일 부동산 대책이 발표되면서 하락이 진정되다가 여러 가지 규제를 풀어주면서 집값은 다시 반등했다. 그러는 사이 2023년 하반기 부동산 시장은 미국의 기준금리에 다시 한번 흔들리고 있다.

집값 하락이 곧 기회다

2024~2025년 집값의 추이를 질문하는 이들이 너무 많다. 정확히는 맞힐 수 없다. 왜? 하락하려 하면 다시 부추기는 정책들이 나오고, 오르려고 하면 다시 하락시키는 경제 지표들이 나오기 때문에 그렇다.

현재 조건만 놓고 보면 2024년엔 가격이 오를 이유가 하나도 없다. 첫째 근거는 경제성장률이다. 우리는 이미 저성장의 고리에 들어갔다고 본다. 둘째는 금리가 다시 저금리로 가려면 상당한 시간이 필요하다는 점이다. 셋째는 유효수요의 경제력이다.

> **용어설명**
>
> **유효수요**
>
> 화폐적 지출의 뒷받침이 있는 수요. 즉 돈을 갖고 물품을 구입하려거나 생산하려는 경제행위의 욕구를 유효수요(有效需要)라 한다. 유효수요는 소비물자를 구입하는 수요인 소비수요와 공장설비·원료구입 등 생산을 위한 수요인 투자수요 두 가지로 나뉜다.

SECTION 1

고수들의 시장 전망 ──── 부동산 고수 인플루언서들이 바라본 2024 부동산 시장

용어설명

툴립 버블

17세기 네덜란드에서 툴립이 막대한 부를 창출할 수 있다는 소문이 확산되면서 툴립 가격이 치솟고 전역에 투기 열풍이 분 과열 투기 현상. 역사상 최초의 자본주의적 투기라고 전해진다.

유효수요의 경제력은 2024년의 집값이 오르지 않을 가장 큰 이유일 수도 있다. 무릇 공급이라 함은 신규 아파트만이 아니다. 기존 주택을 보유한 사람이 기존 주택을 처분하고 새 아파트에 입주하면 기존 아파트를 매매해야 하는데 그것도 공급이다. 기존 아파트의 공급이 서울에만 8만 가구가 적체돼 있다. 2023년 10월부터는 매매도 되지 않는 등 '초거래절벽'이 됐다. 이러한 상황에서 2024년 아파트값은 더 오르기 어려워 보인다. 되레 2022년 초에 그랬듯이 급급매 매물들이 시장에 나올 가능성이 매우 높아졌다고 본다.

"여러분, 내 집 하나는 꼭 사시길 바랍니다. 다만 언제 어디를 살 것인가가 중요합니다." 필자가 늘 강조하는 말이다. 그렇기에 2020년과 2021년에 '지금 집 사면 위험하다'고 경고했고, 비난을 많이 받았다. 반면 2022년에는 "잠실에서 40% 급매물을 샀다"는 감사의 인사도 받았다. 시장이 오를 이유가 없다는 건 예비 매수자 입장에서는 기회를 포착할 수도 있다는 얘기다.

"2024년 아파트값 더 오르기 어려워 보여… 반면 기회 포착할 수도 있어"

필자는 건설사나 시행사가 짓는 부동산에 부동산PF도 은행 마음대로 해 줬으면 좋겠다는 생각을 한 적이 있다. 그리고 분양 가격도 자기들 마음대로 불러서 분양했으면 좋겠다. 비싸다 하더라도 살 사람은 사고, 무리해서 사다가 경매로 넘어가고, 그렇게 짓다가 시공사·시행사 부도나면 부도나게 둬야 한다고 본다. 무리했던 사업의 결말이 알려져야 시장의 자정작용이 자연스럽게 일어나리라고 보기 때문이다. 세금으로 막으면서 시장을 지탱하는 건 건전하게 발전하는 데에는 도움이 되지 않는다고 생각한다.

지금 주택청약저축통장도 해지하는 이들이 많다. 필요가 없기 때문이다. 분양가격이 메리트가 없기도 하고 당첨이 큰 메리트가 없기 때문이다.

주거는 우리에게 가장 큰 비용을 지불케 하는 필수재이고 진정한 부동산 안정을 이루려면 버블이 꺼져야 하며, 그것이 오히려 부동산 시장을 살릴 것이라고 본다. 17세기 툴립 버블 시기 말미에 툴립 심으려고 고가의 땅을 다 끌어서 샀던 모든 사람들의 말로는 비참했다. 우리 부동산 시장도 거품을 꺼트리지 않으면 비참한 수준을 밟을 수 있다.

부동산 유튜버가 말한다!

2024년 집값 오를까? 내릴까?

"전세로 에너지 축적되는 시장, 유동성 터지면 집값 상승"

"내년 집값은 하락하기 어려울 것으로 보인다. 서울 외곽에서는 집값이 하락할 수 있겠지만, 강남 3구를 비롯해 마용성(마포·용산·성동구) 등 주요 지역에서는 전고점을 뛰어넘는 거래가 나올 것으로 예측된다. 이를 평균적으로 따지게 되면 전체적으로는 보합권에서 숫자가 집계될 수는 있겠지만, 하락을 점치기는 무리가 있다. 가장 큰 이유는 전셋값 상승이다. 전셋값 상승이 집값 상승으로 바로 이어지지는 않더라도 집값을 떨어트리는 요인은 절대 아니다. 이미 4분기부터 시장에 급매물이 사라지고 있다. 전셋값이 오르면서 급매물 중 일부가 전세물건으로 돌아서고 있는 것이다. 거래량과 거래가 통계만 보면 '빠지고 있다'고 생각할 수 있겠지만, 실제로는 그렇지 않다는 얘기다. 매도자가 제값을 못 받을 바에는 전세를 놓으면서 버티고 있다고 해석할 수 있다. A급 지역은 현재 너무 비싸고 이미 전고점을 넘은 곳들이 있다. 실수요자라면 너무 외곽이 아닌 은평·서대문 등 A급 지역 주변에서 2000년대 준공된 아파트를 매수하는 것도 방법이다. 2010년대에 나온 아파트는 너무 비싸다 보니 접근하기에는 어려운 측면이 있다."

이종원 아포유 대표
유튜브 채널
'AforU 아포유' 운영

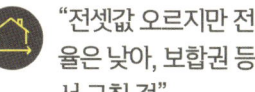
"전셋값 오르지만 전세가율은 낮아, 보합권 등락에서 그칠 것"

"내년 부동산 시장은 조정 내지 보합 수준이 예상된다. 집값이 0% 안팎에서 움직인다는 얘기다. 2023년 상승시기는 규제를 풀어주면서 오른 측면이 있다. 문제는 하반기 들어서 대출규제와 같이 유동성에 제동을 거는 규제를 걸었더니 바로 시장이 얼어붙었다는 것이다. 이는 시장 체력이 떨어졌다는 걸 보여주는 증거로 해석된다. 다시 말해 투자자들이 움직이기 쉽지 않은 상황이다. 투자자들이 같이 움직여야 집값이 오르는데, 이러한 분위기로 봐서 매매가는 보합일 수밖에 없다고 예상한다. 다만 전셋값은 상승할 것으로 보인다. 내년 시장은 2009년 하반기와 비슷할 것으로 예측된다. 당시 총부채상환비율(DTI) 규제가 나오고 공급이 부족해지면서 전세수요의 증가로 이어졌다. 전세수요 증가가 집값 상승으로 이어질 것으로 볼 수도 있겠지만, 현재 전세가율(매매가 대비 전세가 비율)을 고려하면 문제될 수준이 아니다. 서울의 경우 전세가율이 50~60%대에 불과하다. 장기적으로는 전셋값이 매맷값을 끌어올릴 수 있겠지만, 내년은 아니라는 얘기다. 이를 실수요자 입장에서 해석하면 집을 신중하게 골라서 사기에는 적당한 시기일 수 있다."

신현강 부와 지식의 배움터 대표
유튜브 채널
'부룡의 부지런TV' 운영

SECTION 1 　고수들의 시장 전망 　　국내 기관이 예측한 2024 부동산 시장

2024 부동산 시장 향한 7개의 시각

전문가 집단이 모여 있는 기관들은 내년 부동산 시장은 어떻게 봤을까? 시장 환경을 둘러싼 환경으로 '고금리', '공급 부족', '전셋값 상승' 등을 공통적으로 꼽았다. 하지만 이를 해석하는 입장은 다소 차이가 있었다. 고금리 환경에 수요가 위축되겠지만, 이를 정책적으로 풀어줄지 여부에 대해서는 의견이 갈렸다. 공급 부족이 뻔한 상황에서 민간이 나서서 이를 해결하기는 어려울 것으로 봤다. 다만 9·26대책처럼 정부가 나서서 공급에 대한 확신을 준다면 상황이 달라질 수 있다고 예상했다. 전셋값 상승에 대한 전망은 공통적이었다. 하지만 전셋값 상승에 따른 영향력이 언제 어떻게 닿을지에 대한 전망은 제각각이었다.

주식 시장을 보고 있는 증권사들도 나름의 시장전망을 내놨다. 금리 및 경기환경은 자금을 조달하는 PF(프로젝트파이낸싱)와 관련 있고, 시장의 움직임은 건설사나 연관 기업들의 실적과도 직결되기 때문이다. 증권사들은 PF에 대한 우려는 큰 수준이 아니지만, 치솟은 공사비는 건설사로 하여금 공급을 망설이게 하는 요인이라고 공통적으로 분석했다. 그러나 채권 부문에 있어서는 상업용 부동산에 대한 우려가 여전한 상황이라고 진단했다.

"4월 총선 전후로 부동산시장 흐름 크게 바뀔 것 같지 않지만 전셋값은 강세 보일 것"

① 한국건설산업연구원

건설업체들이 출연해 설립한 건설 관련 연구기관인 한국건설산업연구원은 내년 집값이 2.0% 하락하고, 전셋값은 2.0% 오른다고 예상했다.

김성환 부연구위원은 "올 하반기엔 시중금리 인하 효과로 유동성이 유입돼 전국적으로 주택 매매 가격이 강보합세를 나타냈다"면서도 "최근 시중금리가 오르고 경기 불확실성이 심화하면서 내년에는 가격 상승세가 이어지기 어려울 것"으로 내다봤다. 상반기보다 하반기, 지역적으로 수도권(-1%)보다 지방(-3%) 하락 폭이 더 클 것으로 예상했다.

올해는 정부가 연초 규제 완화를 통해 시장 하방 압력을 누그러뜨리고, 정책 금융과 장기 주택담보대출 상품이 나오면서 집값이 상승했다. 그러나 내년에는 정책 대출을 포함해 전반적으로 대출 경직성이 강화되고, 고금리 장기화 우려로 주택 시장이 다시 하락 반전한다는 전망이다.

'2023년 주택 가격 전망

단위 %(전기 말 대비)

1기 신도시		2021년	2022년	2023년					2024년
				1/4분기	2/4분기	3/4분기	4/4분기	연간	연간
매매	전국	9.9	-4.7	-3.4	-0.7	0.4	0	-3.7	-2
	수도권	12.8	-6.5	-4.1	-0.6	0.9	0.5	-3.3	-1
	지방	7.4	-3	-2.7	-0.8	0	-0.5	-4	-3
전세(전국)		6.5	-5.6	-5.1	-1.1	0.4	1	-4.8	2

주 주택 가격은 한국감정원의 주택종합매매가격지수를 활용함. 모든 수치는 소수 둘째 자리에서 반올림한 것임. 2023년 4분기 및 2023·2024년 연간은 한국건설산업연구원 전망치임.

과거 인허가 추이 및 2024년 주택인허가 전망

단위 가구

구분	2018년	2019년	2020년	2021년	2022년	2023년	2024년
합계	554,136	487,975	475,514	545,412	521,791	380,000	350,000
공공 부문	81,082	93,626	81,801	66,884	39,914	60,000	70,000
민간 부문	473,054	394,349	375,713	478,528	481,877	320,000	280,000

주 2023·2024년 연간은 한국건설산업연구원 전망치임.

매매가가 급등하거나 급락하지 않는 선에서 유지된다는 전망이다. 2024년 4월 총선을 전후해 부동산시장의 흐름이 크게 바뀌지는 않는다는 전망도 덧붙였다. 수도권광역급행철도(GTX) 개통 등 광역교통망의 개통 이벤트도 이미 해당 지역에 반영돼 큰 등락은 없다고도 했다.

하지만 전셋값은 강세를 보일 것으로 예상했다. 김 부연구위원은 "전세가격은 남은 4분기 상승세를 이어가고, 2024년에도 상승할 전망"이라며 "매매 수요 축소에 기인한 임대차 시장으로의 추가 수요 유입이 예상된다"고 강조했다.

전세사기로 불리는 보증금 미반환 이슈도 주목할 필요가 있다고 했다. 연립·다세대 등 비아파트 시장 심리에 주는 영향이 크기 때문이다. 특정 지역을 중심으로 아파트 시장으로의 쏠림 현상이 심화할 가능성이 있다는 분석이다.

공급부족은 필연적일 것으로 봤다. 금융 여건 부진으로 2023년보다 2024년이 더욱 어려울 것으로 보여서다. 공공부문에서는 정부가 지난 9월 발표한 공급대책을 통해 인허가가 늘어날 전망이다. 반면 민간 부문은 시장 전망이 더욱 불투명해짐에 따라 떨어질 가능성이 높다. 그나마 2023년까지는 비교적 사업성이 우월한 사업장을 중심으로 인허가를 먼저 추진했지만, 금융 여건 등이 악화한 점을 고려하면 물량증가를 기대하기는 어렵다는 입장이다. 지난해부터 미착공 물량이 쌓이고

한국건설산업연구원은 내년에는 정책 대출을 포함해 전반적으로 대출 경직성이 강화되고, 고금리 장기화 우려로 주택시장이 다시 하락 반전한다는 전망이다.

SECTION 1

고수들의 시장 전망 　　국내 기관이 예측한 2024 부동산 시장

무순위 청약을 진행한 서울 강동구 둔촌주공(올림픽파크 포레온) 아파트 전경.

있고, 양호한 곳에서만 공급이 되고 있다. 따라서 분양 또한 소폭 증가에 그친다는 예상이다.

다만 김 부연구위원은 "우리 시장은 정책 움직임에 대단히 민감한 특성을 가진다"며 "정책 실현 수준과 추가적인 규제 완화가 있을 경우 시장 상황의 변화 가능성이 열려 있어 시장의 흐름에 관심을 기울여야 한다"고 조언했다.

② 하나금융경영연구소

하나금융경영연구소는 내년 주택시장에 대해 "불안한 반등 속 시장 차별화가 심화할 것"으로 예상했다. 고금리 여건이 지속되고 DSR 40%라는 규제가 지속되는 가운데, 매도자와 매수자 간의 줄다리기는 지속된다는 전망이다. 이러한 와중에 수요는 수도권이나 아파트로 쏠리면서 지방 혹은 비아파트와의 격차는 커질 것으로 예상했다.

2024년 부동산 가격은 2023년보다 상승하지만, 거래량은 비슷한 수준이 될 것으로 내다봤다. 집값은 중장기적인 공급 부족, 저점 인식, 매수 심리 등을 상승 요인으로 봤다. 단기적으로는 매물이 쌓이는 현상이 지속되지만, 중장기적으로는 공급감소로 집값이 오른다는 얘기다. 2022년부터 아파트 착공이 급감한 여파가 2025년 이후 본격적으로 나타날 것으로 예상돼서다. 올해 수도권, 5개 광역시, 지방 아파트의 가격은 전고점 대비 80~90% 수준에 도달한 상

>
> 하나은행 하나금융경영연구소
> 집값 📈 │ 거래량 ➡️
>
> "2024년 부동산 가격 2023년보다는 오르지만 거래량은 제자리걸음"

태다. 전고점 회복이 덜된 수도권 지역에서는 내년에 추가 상승이 나올 수 있다는 설명이다.

대출금리 및 대출여력에 대한 한계로 거래량은 늘지 않을 것으로 추정했다. 고금리와 DSR 규제 등은 부담을 주는 요인이다. 그러나 상환부담이 적은 장기 주택담보대출에 대한 수요는 증가할 전망이다. 비록 50년 만기 주담대 취급은 중지됐지만 30~40년 만기 주담대에 대한 수요는 꾸준할 것으로 연구소는 예측했다. 또 정책적으로 주택경기 활성화를 위해 민간 부문 공급(다주택자, 임대사업자) 확대 조치가 추진될 가능성도 있다고 덧붙였다.

③ 삼성증권

삼성증권

집값 ↘ | 전셋값 ↗

"일부 지역 제외하고는 집값 침체…
수도권 전세 시장은 견조한 상승세 예상"

삼성증권은 '2024 주택시장 전망' 보고서를 통해 "내년 부동산 시장은 시장금리 현실화와 정책 효과 소진으로 약한 침체가 예상된다"고 밝혔다. 서울 일부 지역과 고가주택군을 제외하고는 전반적으로 가격과 거래량 측면에서 모두 부진할 것이라는 전망이다. 장기 고금리 가능성이 현실화되고 있고 정책론의 지속성도 약화되면서 시장금리 상승이 불가피한 상황이다. 이는 구매력 하락으로 이어져 매매시장은 위축된다는 얘기다. 다만 수도권 전세시장은 견조한 상승세를 보일 것으로 추정했다. 실수요 지원과 역전세를 막기 위한 전세자금 지원이 지속될 것이기 때문이다.

수요와 함께 공급도 위축될 것으로 봤다. 삼성증권은 "2023년 분양은 24만 가구로 금융위기 이후 최저 수준이 될 것"이라며 "경기권은 2025년 6만 가구로 과거 5년 평균인 10만 가구를 밑돌고 서울은 2024년 처음으로 1만 가구 밑으로 떨어질 것"으로 예상했다. 때문에 타이트한 공급여건에 금리만 안정된다면 2024년의 침체는 2025년 회복을 준비하는 시기가 될 것으로 내다봤다.

삼성증권은 2024년의 침체가 장기적으로 지속되지는 않을 것으로 봤다. 보고서에서 "2024년 주택시장은 서울 일부를 제외한 대부분의 지역에서 구매력 저하와 거래 침체가 지속될 것"이라면서도 "빠른 공급 조절과 여전히 건재할 정책 효과로 2025년 회복기에 진입할 것"으로 예측했다.

보고서에 따르면 2024년 공급은 전년 대비 소폭 회복되지만, 현재의 금리와 인플레이션이라면 공급 속도는 느릴 전망이다. 이는 2025년부터 점차 공급 충격이 나타나기 시작해 2026~2027년 공급 감소의 부작용이 심화된다는 것이다. 역사적으로 공급에 따른 주택가격 영향은 '공급 감소 → 전세시장 상승 → 매매가격 상승'의 주기를 나타낸다. 그러나 서울은 입주량과 가격의 관련성이 낮고, 매매가가 입

용어설명

역전세

주택 가격이 급락하면서 전세 시세가 임대인이 임차인과 계약한 당시보다 낮아져 임대인이 보증금을 돌려주는 것이 어려워진 상황을 가리킨다.
정부는 역전세 문제를 해결하기 위해 전세금 반환보증제도를 도입했다.

SECTION 1 고수들의 시장 전망 ········ 국내 기관이 예측한 2024 부동산 시장

주량이 증가할수록 오히려 상승하는 모습까지 보였다. 때문에 2024년 서울지역은 고가주택이나 재건축 추진 단지 중심으로 견조한 흐름을 보인다는 전망이다. 삼성증권은 "빠른 주택공급 방식인 재건축에 주목해야 한다"며 "2025년 금리가 하향 안정된다면 회복 속도는 더욱 빨라질 수 있다"고 진단했다.

④ 신한투자증권

신한투자증권은 내년 주택시장의 턴어라운드를 예상했다. 2025년 입주물량 급감을 앞두고 신규분양 수요가 증가할 가능성이 높다고 봐서다. 지역에서는 서울을 비롯한 수도권보다는 지방에서 회복 강도가 더 강할 것으로 추측했다. 전반적인 회복세는 연말로 갈수록 뚜렷해질 것으로 봤다.

서울의 경우 도시정비 사업지가 많아 상대적으로 미분양 리스크가 적고, 수요층이 넓다는 측면에서 경기둔화기에 특히 선호된다. 그러나 문제는 주택수요층의 구매력이 DSR 대출규제와 50년 만기 주담대 상품 중단으로 한계가 있을 것으로 예상했다. 분양을 계획하는 도시정비사업이 많겠으나 시기가 지연될 가능성이 높다고도 덧붙였다.

내년 지역별 입주 예정물량은 전반적으로 감소할 것으로 보았다. 2023년 대비 2024년 29%, 2025년 52% 줄어든다는 추정이다. 후분양을 고려해도 차이는 크지 않을 전망이다. 이는 금융위기 이후 지방 주택경기가 반등하기 시작한 2012년과 유사하다고 봤다. 당시에도 안전한 서울·수도권 중심으로만 신규분양이 공급되면서 지방 주택공급 부족 우려가 커졌다. 2012년부터는 ①전세가율 70% 상회 ②입주물량 축소(2010년 대비 24% 감소) ③금리 인하 기대감 등이 맞물리며 주택수요가 반등했다고 회고했다.

> **신한투자증권**
> 입주 물량 ↓
> "지방 주택 경기 떨어지다가 오른 2012년과 유사한 시장 분위기 보일 것"

⑥ 이베스트투자증권

> "최근 서울의 매매거래 중 보증금 승계 거래, 즉 갭투자는 급격히 그 비중이 줄어들고 있다. 투기수요보다는 실거주를 목적으로 주택을 구매하는 거래가 크게 늘어나고 있다. 우리 나라도 일본과 같이 자본 수익을 목적으로 집을 사는 것이 의미가 없는, 되레 구축 매매거래를 할 경우 감가상각이 발생하는 때가 느리지만 분명히 올 것으로 판단한다."

김세련
이베스트투자증권 연구원

⑤ 상상인증권

상상인증권은 내년 부동산 시장이 상승하는 추세를 보일 것으로 예상했다. 다만 상승률은 제한적일 것으로 봤다. 임대차 시장이 회복국면인 점을 가장 큰 원인으로 꼽았다. 2023년에는 전세보다는 월세 선호현상이 높았는데, 고금리 상황 속에서 자금조달 비용이 낮았기 때문이다. 하지만 2분기 이후 임대차 시장이 상승하기 시작했다. 전셋값이 회복하면서 최근 1~2년간 떨어졌던 지수들이 반등하기 시작했다. 내년에는 신규 입주 물량이 감소하고, 금리 민감도가 둔화되면서 전월세에서 고른 상승세가 예상된다.

부동산 시장 소비심리 지수는 보합 국면인 것으로 보이지만, 수도권 아파트에 대한 수요는 견조하다는 판단이다. 경기회복이 미미하게라도 이어진다면 결국 통화정책 및 시장금리가 수요의 관건이 될 것으로 봤다. 그러나 고금리의 장기화인 'H4L(Higher for Longer)'이 지속된다면 수도권 이외의 청약경쟁률은 저조할 전망이다. 주택자금 수요의 오름폭이 확대되고 있다. 부동산R114에 따르면 내년 전국 아파트 예상입주물량은 31만800가구인데, 서울은 1만 가구에 불과하다. 2024년에는 전국에서 23만1000가구, 서울은 2만7000가구다. 수도권에서 입주물량이 타이트한 상황이 예상된다. 또한 고금리 장기화에 따라 전국 아파트 분양 물량 계획도 위축될 전망이다. 주택인허가 실적이 금융위기 수준으로 떨어졌다. 2023년 7월 주택건설 인허가 실적은 1만8000가구로 금융위기 이후 최저치로 떨어졌다. 주택거래량 반등과 매매가격 상승 전환에도 부동산 PF 리스트가 남아 있다보니 심각성은 남아 있는 상태다. 신규 사업장의 수지타산 악화와 건설경기 부진이 드러나는 대목이다.

"신규 아파트 입주 물량 경쟁 심화에 따라 전월세 고른 상승세 기대돼"

⑦ 교보증권

"올겨울 실질적인 가격 하락 지표들이 늦어도 12월이면 확인될 것으로 판단된다. 실수요자 기준 적정 매수시점은 입주 사이클과 역전세난을 고려한다면 수도권은 최소 2023년 10월 이후 하락 추이 확인 후, 서울은 2024년 6월의 상당기간 이후가 적정하다고 판단된다. 투자자 매수 진입 시점은 2025년 이후가 적정할 것이다."

백광제
교보증권 수석연구원

내 집 마련, 이렇게 하라!

한국인의 인생 전반을 아우르는 고민이 된 '내 집 마련'. 올해는 성공할 수 있을까? 내 집 마련에는 생각보다 다양한 방법이 존재한다는 사실! 꾸준히 모아 온 청약 통장으로 새 아파트 똑똑하게 사는 법부터 재건축을 앞두고 있는 1기 신도시 아파트 옥석 가려내기, 경매로 분양권 매수하기까지 다양한 방법을 소개한다. 본인의 상황에 제일 잘 맞는 형태의 내 집 마련법을 찾아보자.

SECTION 2

알아두면 쓸모 있는 부동산 용어!

건폐율 vs 용적률

건폐율

대지 면적에 대한 건축면적(대지에 건축물이 둘 이상 있는 경우 이들 건축 면적의 합계)의 비율. 지역의 개발 밀도를 가늠하는 척도로 활용한다.

※축 면적 : 수평 투영 면적 중 가장 넓게 보이는 층의 면적

건폐율이 높아요!   건폐율이 낮아요!

용적률

대지 면적에 대한 연면적(대지에 건축물이 둘 이상 있는 경우 이들 연면적의 합계)의 비율

※연면적 : 건축물 내 각 층의 바닥 면적 합계

※예시

3층 — 50㎡
2층 — 50㎡
1층 — 50㎡
지하층 — 제외
대지면적 100㎡

용적률
1층 + 2층 + 3층(150㎡)
―――――――――――
대지면적 100㎡
= 150%

SECTION 2 　　내 집 마련 이렇게 하라! 　　공공분양주택 '뉴홈'

'내 집 마련' 관심 있는 청년들 '뉴홈'을 주목하라!

"이번 생에 내 집 마련 할 수 있을까?"

청년들의 한숨이 깊다. 이제 막 일을 시작한 사회 초년생, 신혼부부 등 청년층에게 '내 집 마련'은 막막하다. 기존 집값은 내려올 생각이 없고 새로 분양하는 단지들의 분양가는 점점 오른다. 이미 내 집 마련에 성공한 기성세대들은 "브랜드, 대단지 아파트만 들어가려고 하니 내 집 마련을 못하는 것"이라면서 2030세대들의 고통에 전혀 공감하지 못한다.

뉴홈 통해 50만 가구 공급 공언

이들이 내 집 마련에 힘들어하고 있다는 것은 정부도 알고 있다. 윤석열 대통령은 임기 안에 공공분양주택 50만 가구를 공급하겠다고 공언했다. 이 가운데 70%에 달하는 34만 가구를 미혼·신혼부부 등 무주택 청년 실수요자들에게 공급해주겠다고 했다. 윤석열 정부의 공공 분양주택 '뉴:홈'(New:Home, 이하 뉴홈)을 통해서다.

뉴홈은 내 집 마련, 주거 상향 등 새 정부 정책 원칙과 국민들의 수요를 담아 만들어진 브랜드다. '첫 집', '새로운 주거문화', '희망 시작' 등의 의미를 담았다. 뉴홈이라는 이름부터 국민제안을 통해 결정됐다. 620건의 제안이 접수됐고 주요 후보군을 선정한 다음 청년 정책위원단의 선호도 조사를 거쳤다. 이후 홍보자문단이 최종적으로 선정한 게 바로 뉴홈이다.

뉴홈은 앞서 언급했듯 청년과 무주택 서민들의 내 집 마련 기회를 확대하기 위해 만들어졌다. 윤 대통령 임기 내 50만 가구를 공급한다는 게 목적이다. 나눔형과 선택형, 일반형 등 총 세 가지 유형이 있다. 각각 25만 가구, 10만 가구, 15만 가구가 배정됐다. 모든 유형의 일반공급 중 잔여 공급에는 추첨제(일반공급물량의 20%)가 적용된다.

나눔·선택·일반형 등 세 가지로 나뉘어

유형별로 구체적으로 살펴보면 나눔형은 전체 25만 가구를 신혼부부 40%, 생애 최초 25%, 일반공급 20%, 청년 15% 비율로 공급한다. 나눔형 주택은 시세의 70% 이하로 분양받는다. 분양받은 사람은 5년 동안 의무적으로 거주한 다음 공공에 주택을 환매하게 되는데 처분 손익(감정가격에서 분양가격을 뺀 것)의 70%를 가져간다. 수분양자는 집값이 오를 때(감정가가 분양가보다 높을 때) 처분이익의 70%를 얻는다. 반

윤석열 대통령은 임기 안에 공공분양주택 50만 가구를 공급하겠다고 공언했다.

대로 하락기(감정가가 분양가보다 낮을 때)는 처분손실의 70%만 부담하면 된다.

선택형 주택 10만 가구는 신혼부부 25%, 생애 최초 20%, 청년 15%, 다자녀 10%, 노부모부양 5%에 특별공급되고 나머지 10%는 일반공급으로 이뤄진다. 분양가는 입주할 때 감정가와 분양할 때 감정가의 평균을 구해 계산된다. 저렴한 임대료로 6년을 거주한 이후 분양 여부를 선택할 수 있다는 것이 특징이다.

일반형 15만 가구는 일반공급 30%, 신혼부부 20%, 생애 최초 20%, 기관추천 15%, 다자녀가구 10%, 노부모부양 5% 비율로 공급된다. 시세의 80% 수준으로 분양하는 일반형 주택은 기존 청약제도를 개편해 일반공급 비중을 15%에서 30%로 늘린 것이 특징이다. 청약통장 납입 횟수가 적은 청년 등에게도 청약 기회를 제공하기 위해서 일반공급 물량의 20%는 추첨제로 공급한다.

지난해 12월 이후 올해까지 총 28곳에서 사전청약이 이뤄졌다. 한국토지주택공사(LH) 공급 대상 지역이 21곳으로 가장 많다. 서울주택도시공사(SH)도 6곳을 공급하고 경기주택도시공사(GH)가 1곳을 공급한다. 지난해 12월, 양정역세권, 고양 창릉, 고덕강일3단지, 남양주진접2 등 4곳에서 2300가구 청약을 받았다. 지난 6월엔 남양주왕숙, 안양매곡, 고덕강일3단지, 동작구 수방사 등 4곳 2000가구, 지난 9월 하남교산, 안산장상, 마곡10-2, 구리갈매역세권(선택형), 군포대야미, 남양주진접2(선택형), 남양주진접2(일반형), 인천계양, 구리갈매역세권(일반형) 등 9곳 3300가구에서 청약을 접수했다. 12월엔 남양주왕숙2, 고양창릉(나눔형), 수원당수2, 마곡 택시차고지, 한강이남, 위례A1-14, 부천대장, 고양창릉(선택형), 남양주진접2, 대방동군부지, 안양관양 등 11곳에서 청약을 받는다.

> 청약통장 납입 횟수가 적은 청년 등에게도 청약 기회를 제공하기 위해서 일반공급 물량의 20%는 추첨제로 공급한다.

SECTION 2 — 내 집 마련 이렇게 하라! — 공공분양주택 '뉴홈'

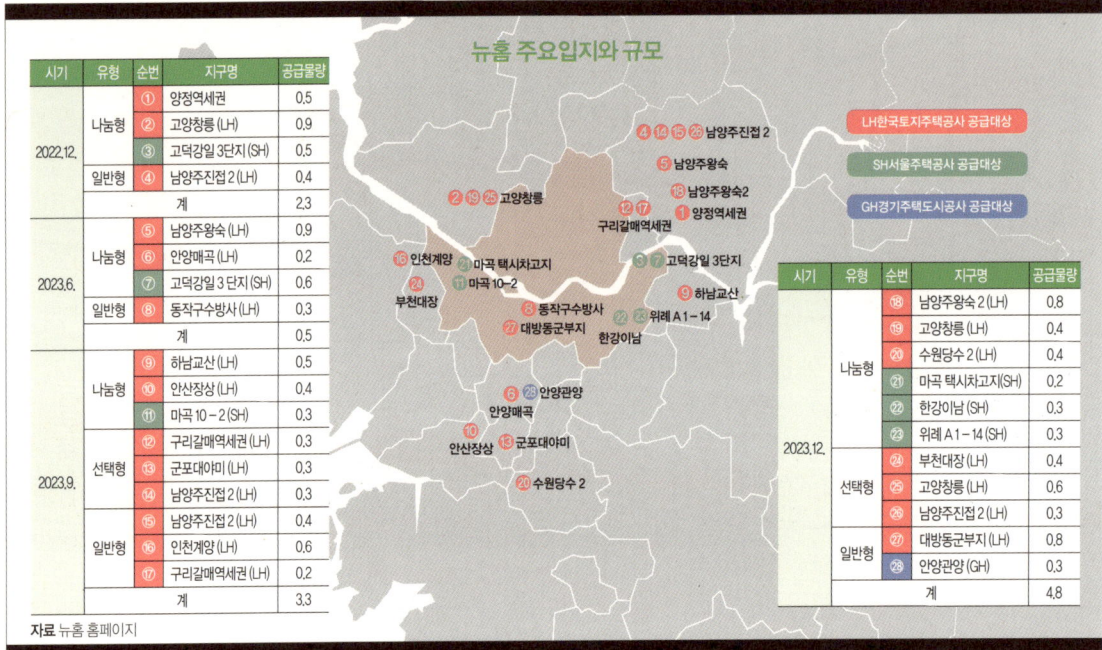

자료 뉴홈 홈페이지

청약 성적도 양호한 수준을 기록했다. 뉴홈 첫 사전청약 특별공급과 일반공급 물량 총 1800가구에 약 2만7000명이 몰렸다. 평균 경쟁률은 15.1 대 1이다. 유형별 경쟁률을 보면 나눔형(고양창릉·양정역세권)이 34.8 대 1, 일반형(남양주진접) 12.1 대 1을 기록했다. 특별공급과 일반공급 모두 나눔형의 경쟁률이 높았다.

2차 사전청약에선 대박을 터뜨렸다. 안양매곡, 남양주 왕숙, 서울 고덕강일 3단지과 함께 동작구 수도방위사령부 부지가 포함돼서다. 모두 1981가구 공급에 9만6000명이 신청했다. 경쟁률을 살펴보면 나눔형인 안양매곡이 19.9 대 1, 남양주왕숙 9.6 대 1, 서울 고덕강일3단지 18.3 대 1을 기록했다. 일반형인 수방사의 경우 283 대 1의 경쟁률을 보였다.

3차 사전청약에도 청약자들이 몰렸다. 서울 마곡 10-2, 구리 갈매역세권 등 3295가구 사전청약에 6만1380명이 신청했다. 지역별로는 토지임대부 주택인 서울 마곡 10-2의 경쟁률이 69.4 대 1로 가장 높았다. 260가구 사전청약에 1만8000여 명이 몰렸다. 하남 교산 나눔형 주택 경쟁률은 48 대 1, 구리 갈매역세권 선택형 주택 경쟁률은 15.0 대 1이었다.

사전청약이라는 한계 공존

뉴홈이 많은 예비 청약자들의 관심을 한몸에 받고 있지만 명확한 한계점도 있다. 말 그대로 '사전청약'이라는 점이다. 본청약까지는 빠르면 1~2년, 늦으면 7~8년까지 소요된다. 사전청약에 당첨됐다면 본청약이 나올 때까지 무주택가구 자격을 유지해야 한다. 이 기간에 집을 사 유주택자가 된다면 본청약을 넣을 기회는 사라진다. 청약할 땐 혼자였지만 해당 기간 집이 있는 배우자를 만나 결혼해 유주택자가 돼도 본청약에 도전할 수 없다.

실제 이런 이유로 사전청약 당첨자 지위를 포기하는 경우가 늘고 있다. 경기 남양주 왕숙과 고양 창릉, 인천 계양 등 3기 신도시에서만 1320명의 사전청약 당첨자가 빠져나갔다. 서울 영등포구 대방 신혼희망타운에서도 올해 11명의 사전청약 당첨자가 중도에 하차했다. 공사를 시작도 하기 전에 사전청약을 받기에 실제 입주까지는 까마득한 시간이 걸리기 때문이다. 대표적으로 경기 하남 감일지구는 사전청약을 2010년에 받았지만, 입주는 2021년에 했다. 내 집 마련을 위해 사전청약을 넣었지만 11년 동안 '전세살이'를 하면서 지낸 것이다.

청년층을 위한 대책임에도 여전히 2030세대에게 익숙하지 않다는 점도 약점이다. 부동산 중개 플랫폼 우대빵부동산이 자사 회원들을 중심으로 설문조사한 결과에 따르면 '뉴홈을 들어본 적이 있는가'라는 질문에 '모른다'는 응답이 80.6%로 압도적이었다. '잘 알고 있다'는 응답은 불과 5.5%, '들어는 보았다'는 응답은 13.9%였다.

심형석 우대빵연구소 소장은 "3차 사전청약에서 전체 신청자의 70% 이상이 20·30세대였는데 뉴홈에 대한 인지도는 아주 낮은 것으로 나타났다"며 "인지도 향상은 물론 세부 내용에 대한 홍보도 필요한 상황"이라고 설명했다.

*by*_이송렬 한경닷컴 기자

고수가 추천하는 참고하기 좋은 부동산 어플리케이션 & 사이트

호갱노노
아파트 시세 확인

아실
아파트 시세 확인

네이버부동산
아파트 시세 확인

부동산지인
부동산 공급량, 빅데이터 기반 아파트 정보

밸류맵
토지가격 시세 및 다가구 시세조사 참고용

밸류쇼핑
부동산 가격 기본정보, 가격산정시스템

디스코
토지가격 확인

KB부동산
부동산 시세 확인

랜드북
지역분석, 신축개발 검토 및 용적률 계산

세무통
세무사 견적 비교, 세무 관련 정보

스마트온비드
공매 어플리케이션

네모
부동산 플랫폼, 상가 사무실 특화, 상권분석 등

직방
빌라, 주택, 원룸 시세 조회

다방
빌라, 주택, 원룸 시세 조회

오늘의집
인테리어 소품 등 활용, 아이디어, 시공 관련 포털

한국부동산원
청약정보, 부동산정보, 통계

씨리얼
LH 부동산 종합 포털

국토교통부 실거래가 공개시스템
실거래가, 개별공시지가 제공

SECTION 2

내 집 마련 이렇게 하라! — 청약

*by*_박지민(월용이)
월용청약연구소 대표

Profile
- 네이버 블로그 '월용이의 부동산 일지' 운영
- 네이버 '월용카페' 운영
- 유튜브 채널 '월용이의 모모청약' 운영

3호선 대청역은 수도권 지역 중 광명역에 이어 두 번째로 집값이 많이 오른 역세권으로, 2022년 12월말 대비 2023년 9월말 기준 23.81% 상승했다. 서울 강남구 일원동에 자리한 디에이치 자이 개포는 대청역 역세권 아파트다.

청약 로또 없어도 새 아파트 살 수 있다!

분양가 상승으로 인한 피로감이 상당하다. 비강남권 전용면적 84㎡ 분양가가 14억원을 초과했다. 2022년 12월 분양한 서울 마포 더 클래시(아현2구역)와 2023년 9월 분양한 상도 푸르지오 클라베뉴는 후분양이라서 '주택도시보증공사(HUG) 분양가 심사기준'에 적용받지 않고 분양가를 자체 산정하여 높게 책정할 수 있었다. 하지만 2023년 7월 광진구에서 분양한 롯데캐슬 이스트폴, 2023년 10월 강동구에서 분양한 더샵 강동센트럴시티는 HUG 분양가 심사기준을 적용받는 선분양임에도 14억원을 넘겼다. 이는 5년 전 강남 분양가를 따라잡은 가격이다.

천장 뚫는 분양가, 어느 수준인가

강남구에서 개포주공2단지를 재건축한 개포 래미안 블레스티지의 경우 2016년 분양 당시 전용 84㎡ 기준 12억원대로 분양했다. 2018년엔 개포8단지를 재건축한 개포 디에이치 자이의 경우도 14억원대에 분양했던 것을 복기하면 5년 만에 강남 아파트 분양가를 따라잡은 것이다. 강남 접근성이 보다 떨어지는 지역도 전용 84㎡, 10억원 분양가는 기본이 됐다. 동대문구 이문휘경뉴타운에서 2023년 4월부터 10월까지 6개월 동안 총 3개 사업장에서 일반분양을 완료했는데 분양가 상승이 혀를 내두를 정도다.

6개월 만에 분양가가 3억원 뛰었다. 매월 5000만원씩 오른 셈이다. 래미안 라그란데의 1순위 해당지역 서울 청약자 2만8478명에서 이문 아이파크자이의 서울 청약자는 1만729명으로 3분의 1 토막이 났다. 분양가 상승에 따른 피로감이 이렇게 숫자로 나타난다. "1만 명이나 참여를 했다고?", "시세보다 싸니까 이만큼 몰린 거 아니야?"라고 생각할 수 있다. 그렇지 않다. 서울 분양 아파트 몇 곳은 인근 신축 시세보다 비싸다. 그럼 왜 분양을 받을까? 바로 공급 절벽에 그 이유가 있다.

늦춰지는 신도시 아파트 공급… 정비사업도 지지부진

1기 신도시는 29만 가구를 공급했고, 2기 신도시는 60만 가구를, 그리고 3기 신도시는 38만 가구가 예정됐다. 2기 신도시 중 아직까지도 공급 중인 택지지구는 평택 고덕신도시, 인천 검단신도시, 그리고 작은 규모만 남아 있는 파주 운정신도시와 화성 동탄2신도시 정도다. 3기 신도시는 2021년 네 번의 사전청약을 통해 말 그대로 '사전'에 공급하는 행위를 했지만 '본청약' 단계까지 진행한 사업장은 아직 없다. 예정시기마저 1~3년씩 늦춰지고 있다. 2기 신도시 남은 공급을 24시간으로 표현한다면 지금은 22시, 밤 10시 정도 시각이다.

대규모 택지개발의 공급 부재를 보완할 수 있는 대안은 정비사업이다. 그러나 이것도 지지부진하다. 1기 신도시를 부수고, 고치고, 다시 짓는 '노후도시특별법' 안이 통과되었지만 시장 참여자들과 절차의 무수한 변수를 대입하면 실제 공급으로 이어지기까지 그 시점을 가늠하긴 불가능하다. 5년 이내도 아닐 테고, 10년, 15년, 20년 단위까지 어림잡아 계산할 뿐이다.

재건축, 재개발, 가로주택정비사업, 신속통합기획 등 여러 갈래로 뻗은 사업유형들이 있지만 이 역시 이해관계자 및 건축비, 사업성 등 여러 변수가 사업진행의 발목을 잡고 많은 노력과 긴 시간을 보내 조합이 설립된다고 해도 그 이후 진행 역시 난관의 연속이다. 조합설립부터 철거, 준공, 입주까지 평균 10년이 소요된다.

특히 서울은 정부·지자체가 택지를 조성하여 공급하는 '대규모 공공택지'가 거의 사라졌기 때문에 서울 내 새 아파트는 결국 정비사업으로 진행하는 민간택지에서 공급될 수밖에 없고 오랜 기다림 끝에 일반분양까지 다다른다 하여도 그때의 분양가는 현재 수준에 비추어 보면 얼마나 올라 있을지 참 걱정이 된다.

현재 상당한 수준의 고분양가임을 알고서도 서울에서 분양하는 신축 아파트 분양에 뛰어드는 사람들은 위와 같은 상황을 알면서, 울면서 청약에 참여하는 중이다.

청약 대신 매수가 대안 될 수 있어

대안은 청약을 포기하고 적극 매수에 나서는 것이다. 새집을 싸게 분양받을 수 없다면, 새집을 싸게 살 수 있는 방법을 찾아야 한다. 그 방법은 아주 쉽다. 분양 소식이 들리면 고개를 옆으로 돌려본다. 이웃단지를 살펴보라는 말이다. 예를 들어 본다. 2023년 8월, 동대문구 이문동 이문1구역을

현재 상당한 수준의 고분양가임을 알고서도 서울에서 분양하는 신축 아파트 분양에 뛰어드는 사람들은 울면서 청약에 참여하는 중이다.

SECTION 2

내 집 마련 이렇게 하라! — 청약

2023년 8월 래미안 라그란데 분양 당시 주변 시세

2023년 8월 광명 센트럴 아이파크 분양 당시 주변 시세

재개발한 래미안 라그란데의 분양가는 11억원(전용 84㎡)이었다. 인근에 2019년 입주한 2개 아파트가 있다. 최고 가격에서 약 20% 하락지점인 10억원 초중반대에 중층 매물이 있었다. 래미안 라그란데보다 1억원 이상 저렴하고 보유기간을 감안하면 수익 회수도 짧다. 2025년 1월 입주예정인 래미안 라그란데의 비과세 및 일반과세로 매도할 수 있는 시기는 2027년 1월인 데 반해, 성북구 석관동 래미안 아트리치를 매수하고 2년을 보유 후 매도할 수 있는 시기는 2025년 하반기로 그 시점이 빨리 도래한다.

래미안 라그란데 대신 동대문구 휘경동 휘경SK뷰를 매수했다고 가정하면 입지와 가격에서 비슷한 신축에서의 생활을 누리면서 매도시기도 래미안 아트리치 매수 가정과 같은 콘셉트로 가져갈 수 있다.

광명4구역을 재개발한 광명 센트럴 아이파크를 12억7000만원(전용 84㎡)에 공급했던 때에 준신축 지표아파트인 철산래미안자이 전용 84㎡의 11억원 전후 매물이 대안이 될 수 있다. 또는 40평형대 중대형 평형과 가격이 만나는 일시적 시점이 올 때가 있다. 위 경우라면 평당가격 환산 시 3억원 정도의 차이를 벌려야 하는 34평과 43평의 가격 차이를 불과 1억원 차이로 저렴하게 매수할 수 있는 기회도 온다. 감당하기 힘들 정도의 가파른 상승을 보인 분양가격에 공급까지 쪼그라든 현재 청약 상황에서는 분양가 상한제가 적용된 택지지구의 아주 일부 반값 아파트나 상대적으로 저렴한 투기과열지구(강남, 서초, 송파, 용산)에서 분양하는 정비사업 분양을 청약 초고스펙으로 당첨될 수 없다면, 청약을 포기하고 매수에 적극 나서는 것이 돈과 시간을 아끼고 내 집 마련 시점을 앞당기며 투자수익률까지 높일 수 있는 대안이 될 것이다.

120만 명 청약통장 탈출 그래도 필요한 이유

내 집 마련의 씨앗으로 여겨졌던 '청약통장' 가입자가 줄고 있다. 한국부동산원 청약홈에 따르면 올해 9월 말 기준 전국 청약통장 가입자 수는 2724만8358명으로, 전달 대비 1만8515명 감소했다. 지난해 9월(2851만8236명)보다는 126만9878명이 줄었다.

이는 주택청약종합저축·청약저축·청약부금·청약예금 가입자를 합산한 수치다. 2015년 9월 1일부로 시행된 청약통장 일원화에 따라 현재 신규 가입은 주택청약종합저축만 가능하며 나머지 3종은 기존 가입자만 유지 여부를 정할 수 있다. 청약통장 가입자 감소 추세는 작년 6월부터 15개월째 이어지고 있다. 가입자수는 지난해 4월 2857만3172명, 5월 2859만7808명, 6월 2859만9279명까지 늘었다. 하지만 7월부터 줄기 시작했고 1년 3개월간 총 135만921명이 이탈했다.

당연하게 청약통장 잔액도 2년 연속 감소했다. 홍기원 더불어민주당 의원실이 HUG(주택도시보증공사)에서 받은 자료에 따르면, 청약통장 잔액은 청약 열풍이 불었던 2021년 90조4251억원까지 늘었다. 그러나 지난해 말 89조2008억원으로 줄었고 지난 9월 기준 88조4167억원으로 급감했다.

이러한 이탈추세는 고금리·고분양가가 본격화된 시점과도 맞물린다. 지난해부터 오른 금리로 주택시장이 전반적으로 침체됐다. 정부가 발표한 1·3 대책으로 서울 강남·서초·송파·용산 4개구를 제외한 전 지역이 분양가상한제에서 벗어나면서 분양가 고삐가 풀렸다. 고금리에 늘어난 금융비용, 물가상승으로 인한 비용증

주택청약저축 보유 혜택

- 청약저축 금리 2.1% → 2.8%
- 청년 우대형 종합저축 금리 3.6% → 4.3%
- 구입자금 대출 시 금리 최대 0.5%p 할인
- 소득공제 대상 연간 납입 한도 300만원, 40% 공제
- 배우자 통장 보유기간 최대 3점 합산

자료 국토교통부(2023년 8월 기준)

가, 기본 건축비 인상까지 바람을 넣었다. 결국 기존 주택의 집값은 떨어지고, 신축 분양가가 오르면서 시세차익을 기대하는 '로또'는커녕 '가격역전' 현상이 벌어졌다. 일단 청약에서 당첨되고 고민해 보라는 의미를 줄인 말인 '선당후곰'도 사라지게 됐다.

만성적으로 낮은 청약저축의 금리도 문제다. 청약저축 계좌의 주목적이 이자 수익이 아니지만 기준금리보다 낮은 금리에 이탈자도 늘어나는 상황이다. 주택청약 금리는 국토교통부 국민주택기금운용위원회에서 결정해 시중은행에 통보한다. 그러나 기준금리가 인상·인하됐을 때 주택청약 금리가 같은 흐름이어야 한다는 기준은 없다. 지난 8월 정부는 청약저축에 대한 혜택을 늘리겠다는 내용을 발표했다. 청약저축 금리를 연 2.1%에서 2.8%로 올렸다. 청약통장 장기 보유자가 기금 구입자금 대출 시 우대금리를 최고 0.2%포인트(p)에서 최고 0.5%p로 상향조정했다. 소득공제(납입액의 40% 공제) 대상 연간 납입 한도액도 현재 240만원에서 300만원으로 조정했다. 이는 조세특례제한법 개정 사안으로, 국회에서 법이 통과되면 내년 1월 1일 납입분부터 적용할 예정이다. 앞으로 청약저축 가입 기간 점수 산정 때 배우자 통장 보유기간의 2분의 1을 합산해서 인정해주기로 했다. 이렇게 되면 청약 가점을 최대 3점 높일 수 있다. 미성년자의 청약통장 납입 인정 기간은 2년에서 5년으로 확대하고, 인정 총액도 240만원에서 600만원으로 높였다.

by_김하나 한경닷컴 기자

청약통장 가입자 수

SECTION 2 | 내 집 마련 이렇게 하라! ········· 경매

by_ 이주현
지지옥션 전문위원

Profile
- 한국자산관리공사
  온비드발전위원회 자문위원

경매 투자자들이 서울동부지방법원 게시판에 나온 매물 정보를 살펴보고 있다.

경매로 내 집 마련하기 전, '권리 분석' 필수!

'내 집 마련'에는 다양한 방법이 있다. 이미 지어진 집을 살 수도 있고 아직 지어지기 전인 집을 분양받는 방법도 있다. 조합원의 '입주권'이나 분양받은 사람들이 가지고 있는 '분양권'을 매수해 내 집을 마련하기도 한다.

일반 실수요자들에겐 익숙하지 않지만 '경매' 역시 내 집 마련 방법 가운데 하나다. 전국 아파트 낙찰률이 30%대의 낮은 수준에 머물러 있다. 낙찰률은 경매 진행 건수 대비 낙찰된 건수의 비율을 의미하는 경매 지표다. 매매시장의 거래량과 유사하다고 볼 수 있다. 한 달간 100건이 경매 시장에 매물로 나왔다면 새 주인을 찾아가는 물건이 30건밖엔 되질 않는다는 뜻이다.

지지부진한 경매시장

집값이 치솟았던 2021년 서울 아파트 월별 낙찰률은 80%에 육박할 정도로 높았지만, 지금은 20%를 겨우 넘는 수준에 머물러 있다. 낙찰률은 왜 급락했을까. 결국엔 수요와 공급 법칙 때문이다.

부동산 시장이 침체하면서 시장에 관망세가 짙어지다 보니 매수하려는 움직임이 위축됐고 이는 유찰로 이어졌다. 반대로 고금리 상황이 이어지면서 경매 시장으로 유입되는 신규 경매물건은 늘었다. 수요는 줄고 공급은 늘었다. 전국 아파트 경매 진행 건수는 10월 기준 2600건을 넘어섰다. 2020년 11월 이후 3년여 만에 최다 진행 건수다. 시장엔 물건이 쌓여가고 있지만 이를 가져갈 실수요자는 없는 상황이다.

전국 아파트 평균 낙찰가율은 80%대를 유지하며 보합권에 머물러 있다. 낙찰가율은 경매 감정평가금액(100%) 대비 낙찰가의 비율을 나타내는 경매지표다. 쉽게 얘기하면 10억원짜리 집을 8억원에 낙찰받는 상황이란 뜻이다.

2021년 전국 아파트 낙찰가율은 107%, 서울 아파트 낙찰가율은 120%로 100%를 웃돌며 과열 양상을 보였다. 이후 급격한 금리 인상과 집값 상승에 대한 피로감, 경기침체 등의 이유로 2022년부터 꺾이기 시작해 결국 70%대까지 하락했다. 최근 들어 80%대를 회복하긴 했지만, 지역·단지별 격차가 벌어지는 등 불안한 모습이다.

'낙찰률은 저조하지만, 낙찰가율이 회복됐다'는 것은 아파트 경매시장에서 옥석 가리기가 심화하고 있다는 뜻이다. 재건축 이슈로 가격 상승 기대감이 있는 단지, 정주 여건이 양호한 대단지 신축급 아파트 등 소위 '똘똘한 한 채' 위주로만 수요자들이 몰리면서 낙찰가율이 상승했다. '지금이라도 집을 사지 않으면 벼락거지 된다'라는 말이 유행하면서 전방위적으로 가격이 상승했던 때와 비교하면 전혀 다르다.

생소한 '부동산 경매' 이것만큼은 알아야

이렇게 일부 지역과 단지 위주로 응찰자가 몰리고 내 집을 마련하고자 하는 수요가 꾸준히 경매시장으로 유입되면서 각종 사고와 실패 사례도 종종 발생한다. 경매 시장에 갓 진입한 초보자와 예비 응찰자들은 무엇을 주의해야 할까.

부동산 경매란 채무자가 원금이나 이자를 변제하지 못할 때 채권자의 신청으로 국가가 대신해 채무자의 부동산을 강제로 매각하고 낙찰대금을 채권자들에게 배당해 주는 제도다. 당사자 간의 계약으로 거래되는 매매와는 달리 민사집행법에 정해진 절차에 따라 진행하다 보니 장단점이 있다.

먼저 매매시장에서보다 저렴하게 부동산을 취득할 수 있다는 것은 가장 큰 장점이다. 첫 매각일에 응찰자가 없어 유찰될 경우 각 법원에서는 정해진 비율로 가격을 낮춰 다음 매각을 진행한다. 감정가 10억원짜리 서울 아파트가 1회 유찰되면 다음 매각기일에는 20%를

전국 아파트 경매 지표

기간	진행건수	낙찰건수	낙찰률	낙찰가율	평균응찰자 (응찰자有)
2023년 1월	1736	634	36.5%	75.8%	5.9
2023년 2월	1652	547	33.1%	74.6%	8.1
2023년 3월	2450	716	29.2%	75.1%	7.5
2023년 4월	2146	853	39.7%	75%	7.9
2023년 5월	2330	737	31.6%	75.9%	8.2
2023년 6월	2135	703	32.9%	78%	8.2
2023년 7월	2214	830	37.5%	80.3%	7.2
2023년 8월	2373	1020	43%	80.6%	8.0
2023년 9월	2091	730	34.9%	83.5%	8.3
2023년 10월	2629	1046	39.8%	84.1%	6.3

자료 지지옥션

> 전국 아파트 경매 진행 건수는 10월 기준 2600건을 넘어섰다. 2020년 11월 이후 3년여 만에 최다 진행 건수다. 시장엔 물건이 쌓여가고 있지만 이를 가져갈 실수요자는 없는 상황이다.

SECTION 2   내 집 마련 이렇게 하라! .... 경매

낮춘 8억원부터 다시 시작하고, 또 한 번 유찰될 경우에는 6억4000만원부터 3회차 매각을 진행한다. 매매시장보다 가격을 훨씬 낮게 구입할 기회가 된다. 부동산 규제로부터 상대적으로 자유로운 면도 있다. 대표적으로 토지거래허가구역 내에서 경매로 부동산을 취득할 때는 별도의 허가가 필요하지 않다는 점이다. 주택 실거주 의무가 적용되지 않기 때문에 매매로 취득했을 때보다 상대적으로 폭넓은 활용계획을 세울 수 있다. 토지거래허가구역 내 아파트의 낙찰가격이 해당 단지의 최저 매도호가보다 높게 나오는 경우가 이 때문이다.

당연히 주의해야 할 점도 많다. 부동산의 가치 판단과 권리분석은 스스로 검증하고 판단할 수 있어야 한다. 절차상 경매 부동산 감정가격은 첫 매각기일로부터 최소 6개월에서 1년 전 시세를 반영할 수밖에 없다. 따라서 부동산 가격 상승장과 하락장에 따라 감정평가금액이 현재 시세보다 상대적으로 낮을 수도 있고, 높을 수도 있다. 따라서 경매 감정평가금액을 현재 시세로 오인해서는 안 된다.

아파트 매매시장이 하락장임에도 불구하고 높은 매도호가를 유지하는 단지가 있고 거래량 감소로 국토교통부가 공개하는 최근 실거래가격을 확인하기 어려운 단지도 많다. 합리적인 낙찰가 산정이 쉽지 않은 시기인 만큼 자신이 잘 알고 있는 지역이나, 평소에 관심을 두고 가격 흐름을 잘 살피고 있던 지역과 단지 위주로 접근해야 한다.

부동산 경매의 꽃…'권리분석'

주택 등 주거용 부동산을 경매로 매입할 때 가장 조심해야 하는 부분은 임차인의 권리분석이다. 소유자가 아닌 임차인이 거주하는 경우에는 낙찰자가 임차보증금을 별도로 물어줘야 할 수 있다. 경우에 따라서는 남은 계약기간도 보장해야 하는 일이 생길 수 있어서다.

주택임대차보호법의 기본적인 내용을 숙지하고, 권리 분석해 예측하지 못한 금액 지출과 장기간 입주가 불가능한 상황을 피해야 한다. 구체적으로 임차인이 낙찰자에게 대항력을 주장할 수 있는지 판단해야 한다. 대항력이란 임대차 계약의 효력을 낙찰자에게 주장할 수 있는 권리로서 임차인의 점유와 전입신고일자가 등기부등본상 말소 기준권리보다 빠른 경우다. 만약 대항력이 없는 임차인이 거주하고 있다면 낙찰자가 별도로 인수해야 할 권리나 금액은 없다.

임차인이 낙찰자에게 대항력을 행사할 수 있다면 확정일자를 갖췄는지 확인해 봐야 한다. 임대차계약서에 확정일자를 받은 임차인은 후순위 권리자보다 먼저 자신의 보증금을 배당받을 수 있는 우선변제권이 있다. 따라서 임차인의 확정일자와 다른 권리

[용어설명]

우선변제권

채권자 중의 어떤 사람이 다른 채권자보다 먼저 변제를 받을 수 있는 권리를 말한다. 채권자 평등의 원칙에 대한 예외로서 법률의 규정에 의해 인정된다. 그리고 선순위권자가 전액을 변제받은 나머지에 대해 후순위권자가 변제를 받게 된다.

부동산 경매 시장 장단점

[장점] 👍
- 기존 매매 시장보다 저렴하게 부동산 취득 가능
- 부동산 규제로부터 상대적으로 자유로움

[단점] 👎
- 부동산 가치 판단은 오로지 투자자의 몫
- 권리분석을 스스로 검증하고 판단할 수 있어야

서울동부지방법원에서 입찰 결과를 기다리고 있는 경매 응찰자들.

간의 우선순위를 파악한 후 경매 절차에서 보증금 전액을 회수할 수 있는지 판단해 봐야 한다.

확정일자가 있더라도 배당요구종기일 전에 배당신청을 했는지 봐야 한다. 임차인은 경매 절차에서 배당신청을 해야만 법원으로부터 보증금을 받을 수 있기 때문이다. 만약 대항력 있는 임차인이 배당신청을 하지 않은 때에는 낙찰자가 임대인의 지위를 그대로 승계하고, 기존 소유자와 체결된 임대차 계약도 유지되므로 주의해야 한다. 확정일자 존재 여부와 배당신청 여부는 법원에서 공개하는 매각물건명세서를 통해 확인할 수 있다.

최근 깡통전세 및 전세 사기의 영향으로 임차인의 보증금이 오히려 매매가격보다 높은 경우가 많다. 특히 연립·다세대 주택을 중심으로 심각성이 확대되고 있는데, 이는 경매시장에도 영향을 미치고 있다. 보증금을 돌려받지 못한 임차인들이 해당 주택을 경매로 넘기고 있는 것이다. 하지만 매매시세보다 높은 임차보증금의 인수 문제로 투자자들이 낙찰을 꺼리고 있다. 서울 내 연립·다세대 낙찰률이 10%대를 기록하는 만큼 임차인에 대한 권리분석이 여느 때보다 중요한 시기이고, 자칫하면 금전적 손실로 이어지므로 각별한 주의가 필요하다.

지난해부터 급격하게 오른 기준금리가 2024년에도 이어질 가능성이 높은 상황이다. 이자 부담을 이기지 못한 경매물건이 시장에 쏟아질 수 있다. 정부가 내놓은 특례보금자리론 등이 종료됐고 실수요자들의 발목을 잡는 총부채원리금상환비율(DSR) 제도는 시장에 여전히 남아있다.

경매물건 증가로 수요자의 선택 폭은 더욱 넓어지고 있다. 낙찰가율 안정세가 전망되는 만큼 철저한 권리분석과 자금계획 후 경매시장에서 내 집 마련을 준비한다면 집값 추가 하락에 대한 우려 속에서도 충분한 대비책이 될 것이다.

말소기준권리 5가지
(매각 시 소멸)

① (근)저당권
② (가)압류
③ 담보가등기
④ 경매기입등기
⑤ 전세권
　(경매 신청 또는 배당요구한 경우)

소멸되지 않고 인수되는 권리

- 선순위전세권
　(배당요구를 하지 않음)
- 건물철거 및
　토지인도청구 가처분
- 유치권
- 법정지상권

SECTION 2 ——— 내 집 마련 이렇게 하라! ——— 재개발·재건축

by_ 김제경
투미부동산컨설팅 소장

Profile
• KB금융지주 경영연구소 부동산 자문위원
• 유튜브 투미부동산[투미TV] 운영
• 도시계획기사, 투자자산운용사, 자산관리사, 공인중개사

목동 신시가지 3·5·7단지와 신월시영아파트 전경.

"이제 본격적인 옥석 가리기"

김제경 투미부동산컨설팅 소장은 2024년 재개발·재건축 시장에 대해 어려운 시장이 될 것이라며 잘 골라 투자해야 한다고 조언했다. 현재 수도권 재개발·재건축 사업지(정비사업지)에 위험요인이 많기 때문이다. 하지만 사업성, 입지 분담금, 납부능력 등 3가지를 살펴보고 투자한다면 성공할 수 있다고 말했다.

김 소장은 "정비사업에 투자하는 이유는 주변 신축 아파트보다 저렴하게 매수해서 완공됐을 때 시세차익을 기대하기 때문"이라면서 "어느 정도의 안전마진을 얻겠다는 건데 현재 시장상황이나 정부정책상 쉽지 않은 상황"이라며 '함정'을 조심하라고 강조했다.

재건축은 입주권을 판단하기가 쉽다 보니 선호도가 높지만, 그만큼 규제도 심하다는 지적이다. 윤석열 정부 들어 재건축에 대한 안전진단을 완화했지만, 재초환이라고 불리는 재건축초과이익환수제가 여전히 남아 있는 탓이다.

정부는 실거주 의무 폐지와 재건축 초과이익 환수 완화 등을 담은 주택법 개정안과 재건축 초과이익 환수법 개정안을 추진하고 있다. 2022년 9월 발표된 내용으로 재초환 부과금을 부담하는 기준인 면제금액을 현행 3000만원에서 1억원으로 상향 조정하고, 실제 재초환 부담금의 부과율 결정 기준인 부과 구간도 기존에는 2000만원 단위에서 7000만원 단위로 확대하는 내용이

정비사업 구분

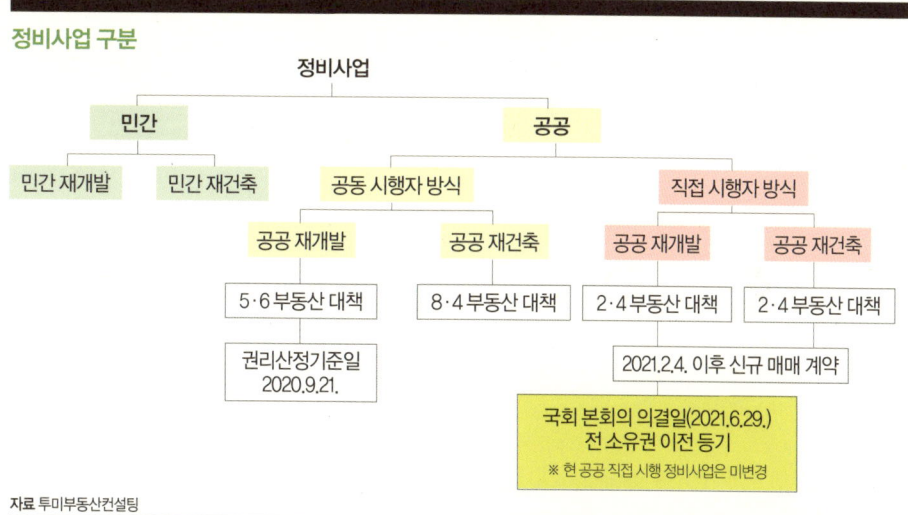

자료 투미부동산컨설팅

다. 1가구 1주택자가 주택 보유 기간이 10년 이상인 경우에는 최대 50%까지 세금을 감면해 주는 등의 내용이다. 해당 개정안은 연말까지 법안소위 문턱을 넘지 못하면 사실상 폐기 수순을 밟게 된다.

김 소장은 "정부가 1가구 1주택 실소유자에 대한 감면을 신규 도입하겠다고 했지만, 10년 이상을 보유해야 부담금 50%를 감면하는 건 큰 효과가 없을 것"이라며 "미실현이익에 대한 세금인 데다 양도소득세에 또다시 재초환까지 거둬가는 이중과세 문제, 그리고 재초환 분담금은 최종소유자가 지게 되다보니 형평성 문제도 있다"고 말했다. 정부는 과세표준 공제를 해주면서 위헌은 아니라고 하지만, 조합원 입장에서는 세액공제가 유리하다는 분석이다. 입주권을 양도받았다가 최종 소유자가 돼 세금을 몽땅 내야 하는 경우도 지적했다. 김 소장은 "분담금 산정방식에서 가격기준이 고무줄 방식이다 보니, 재건축 사업이 최소 10년 이상

주택 재건축 판정을 위한 안전 진단 기준 가정치

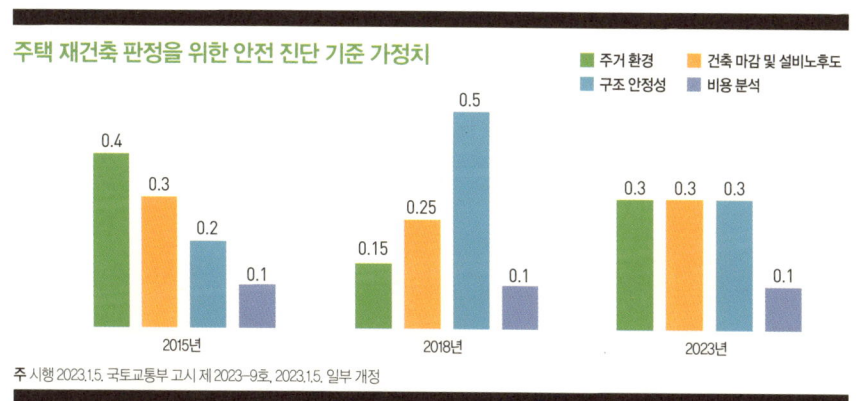

주 시행 2023.1.5. 국토교통부 고시 제 2023-9호, 2023.1.5. 일부 개정

SECTION 2 　　내 집 마련 이렇게 하라! 　　재개발·재건축

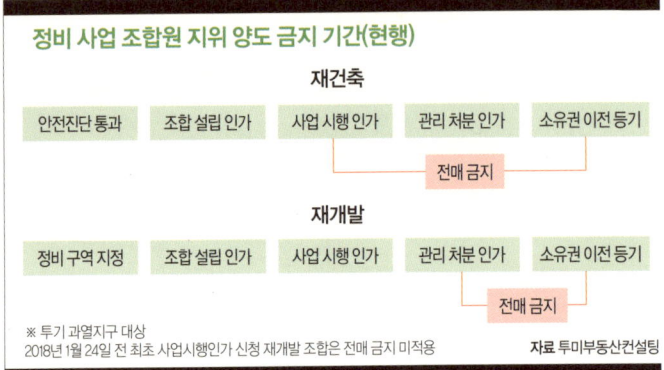

우 기본계획수립일을 체크해야 하는데, 2010년 7월 15일 기준으로 구(舊)조례와 신(新)조례로 나뉘기 때문이다. 김 소장은 "95% 이상은 대부분이 구조례가 해당되고, 신조례는 신속통합개발이나 공공재개발들이 포함된다"며 "구조례 기준에서는 2008년 7월 30일 전까지 건축허가를 받아야 하고, 신조례로 가게 되면 특정시점이 아닌 권리산정기준일 전에 소유권 이전등기가 완료된 건물이 해당된다"고 말했다. 구조례의 신축 빌라로 입주권을 받기 어려울 수 있기 때문에 꼼꼼하게 살피라고 조언했다.

김 소장은 "어느 지역을 매수하느냐에 따라서 권리산정기준일을 반드시 살펴야 한다"면서도 "최근 모아주택 같은 경우에는 권리산정기준일이 공모 결과 발표일이라고 되어

인 점을 감안하면 들인 노력에 비해 세금은 과하다"고 설명했다.

일반적으로 알고 있는 재개발은 대부분 민간재개발이었지만, 이제는 공공재개발이 많아지다 보니 구별할 필요가 있다고 강조했다. 입주권을 받기 위한 기준을 반드시 체크해야 한다고 주장했다. 서울의 경

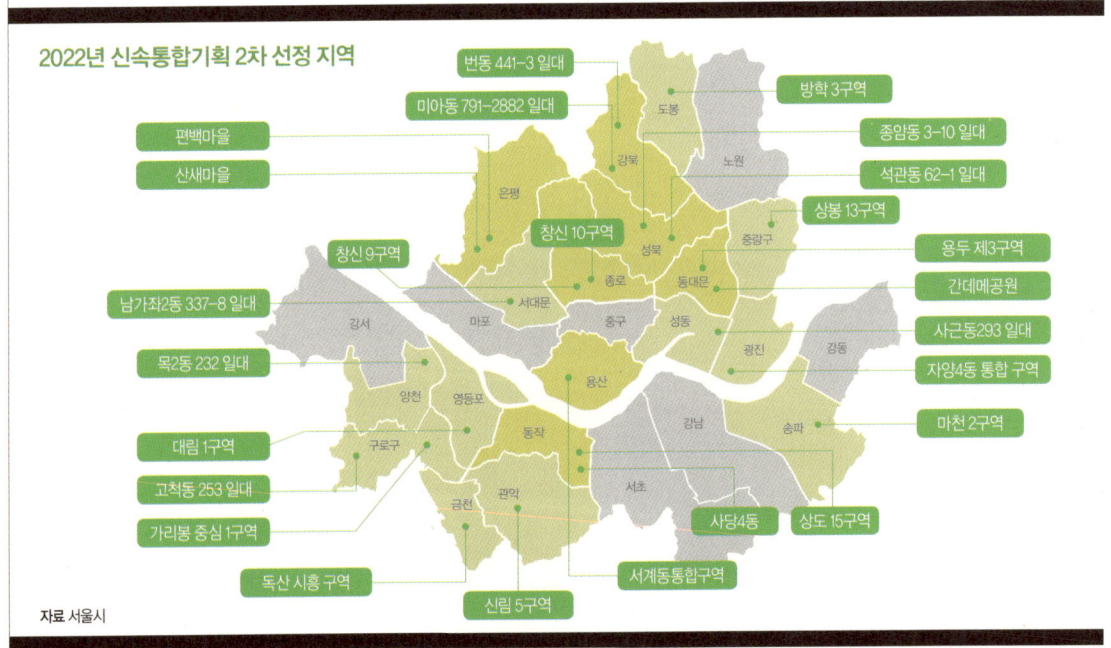

재개발 대책별 정리

구분	근거법	현금 청산 기준
2·4 대책 공공재개발	공공주택특별법 등	국회 본회의 의결일(21.6.29.) 전 소유권 이전 등기
5·6 대책 공공재개발 1차	도시 및 주거환경정비법	권리산정기준일 2020년 9월 21일
5·6 대책 공공재개발 2차	도시 및 주거환경정비법	권리산정기준일 2021년 12월 30일
신통기획 1차	도시 및 주거환경정비법	권리산정기준일 2021년 9월 23일
향후 공모 구역(공공/민간)	도시 및 주거환경정비법	권리산정기준일 2022년 1월 28일
21년 공모 소규모주택정비지역	빈집 및 소규모주택정비에 관한 특례법	권리산정기준일 2022년 1월 20일
향후 공모 구역(모아주택)	빈집 및 소규모주택정비에 관한 특례법	권리산정기준일 공모 결과 발표일

있다보니, 신축빌라 소유자들이 안심하곤 하지만 이 역시도 따질 게 있다"고 지적했다. 최근 빌라업자들이 모아타운만 언급하면서 투자자들을 끌어모으고 있어 주의하라고 당부했다. 신축빌라들까지 입주권을 부여하게 되면 사업성은 떨어지게 되고, 이는 사업 좌초로 이어질 수 있어서다. 모아타운이 전체적으로는 2000가구가량 된다지만, 개별구역으로는 몇백 가구에 불과한 점도 사업성이 떨어지는 이유다. 사업기간은 줄어들지만, 인허가 과정은 있다보니 의외로 기간이 늘어날 수도 있다고 조언했다. 김 소장은 "무엇보다 재개발 구역이 너무 많은 것이 문제"라고 지적했다. 신속통합기획은 2021년 1차, 2022년 2차에 이어 이제는 수시선정이 가능하게 됐다. 각종 개발사업들이 발표됐지만, 행정력이 뒷받침되지 못하면서 사업속도가 늦어지고 있다는 얘기다. 그는 "과거에는 가시화되는 재개발 사업지들이 꼽힐 정도였고 해당 현장들은 대부분 사업성이 있는 곳들이었다"며 "이제는 사업지가 많다보니 옥석 가리기가 필요한 시기가 됐다"고 말했다.

이어 "금리, 인건비 인상 등으로 공사비까지 뛰면서 사업성은 더 떨어지고 있다"며 "결국 입지가 좋은 곳을 골라야 하고, 분담금을 부담할 수 있는 사업지가 몰린 곳도 입지가 좋은 곳"이라고 강조했다. 그러면서 "목동같이 노후계획도시특별법이나 정부에서 풀어주는 대책 등이 없어도 원래 좋은 입지에서의 사업을 봐야 한다"고 덧붙였다.

19년 만에 서울시 재건축 심의에 통과한 강남의 대표 노후 대단지 은마아파트.

SECTION 2 — 내 집 마련 이렇게 하라! — 재개발·재건축

오세훈표 모아타운 이미 75곳 대상지로 선정

모아주택이란?

모아주택은 모아타운 내에서 이웃한 주택 소유자들이 개별 필지를 모아서 소규모 공동개발을 통해 양질의 주택을 공급하는 서울시 주택정책이다. 모아주택에 적용 가능한 법적 사업유형은 자율주택정비사업, 가로주택정비사업, 소규모재건축, 소규모재개발이 있다. 간선도로변 등 모아주택 사업 추진이 어려운 존치구역은 건축협정 제도를 활용한 공동개발도 가능하다. 소규모주택정비법에서 제시하는 관리지역 내 소규모주택정비사업의 완화요건을 모두 적용할 수 있다. 또 사업 시행 시 높이, 용적률 등 건축 및 도시관리계획 기준을 완화받을 수 있다.

모아주택이 주목받는 이유는 그동안 '소규모주택'임에도 재개발·재건축의 대규모 일반 정비사업과 동일한 규정으로 조합을 운영해 과도한 조합운영비가 지출됐고 이는 조합원에게 큰 부담으로 돌아왔기 때문이다. 모아주택 활성화를 위한 각종 규제 완화로 최근 가로주택정비사업장의 공급이 늘어나고 있다.

모아주택 기준은?

모아주택은 부족한 주차 및 녹지공간을 확보하고, 기존 가로활성화를 위한 가로대응형 배치, 가로활성화용도 도입 등을 위해 '사업시행계획 수립 기준'을 설정했다.

▶ **대지규모** 1500㎡ 이상

▶ **주차장 확보** 주차장은 지하로 확보하고, 지상은 녹지 등을 설치할 것

▶ **가로대응형 배치계획** 전면가로에 대응하는 형태를 기본으로 주변 여건 및 경관을 고려한 중정형, 복합형(저층+고층) 등 창의적이고 입체적인 주동 배치 권장

▶ **가로활성화** 가로활성화가 필요한 주요 가로 부분은 대지안의 공지 또는 관리계획 수립 시 설정한 건축후퇴선에 맞춰 건축물의 저층부(1층 이상)를 설치하고, 해당 공간에는 근린생활시설 및 주민공동시설 등을 연도형으로 조성

▶ **보행 편의성 확보** 보차도가 분리되지 않은 6m 이하 도로에 접하는 사업부지는 부지 내에서 확보되는 대지 안의 공지(2~3m)를 활용하여 보도로 제공될 수 있도록 계획

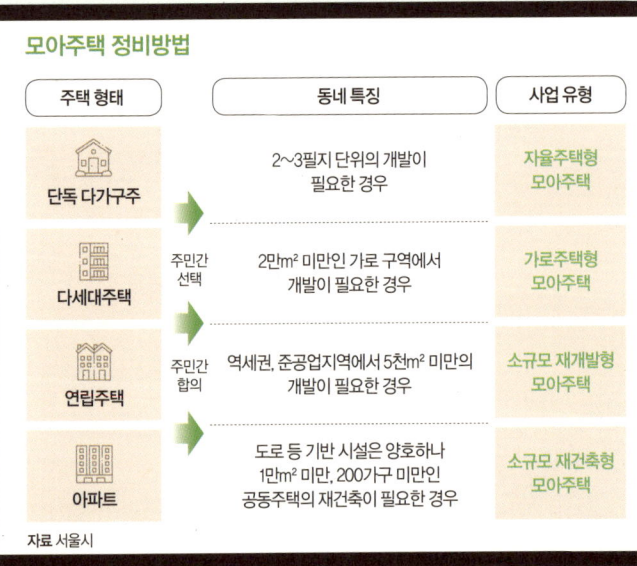

모아주택 정비방법

자료 서울시

- **과도한 옹벽 지양** 사업부지 레벨은 주변 레벨과 순응되도록 하고, 주변 레벨과 어울리지 않는 무리한 성토 및 옹벽 계획 지양
- **기존 가로 유지 방안** 사업부지 내 기존 도로 폐도시 주변 보도(도로)와의 연결 등 도시구조적인 기능에 지장이 없도록 공공보행통로, 도로입체결정 등 계획

모아타운이란?

모아타운은 신축과 구축 건물이 혼재돼 대규모 재개발이 어려운 10만㎡ 이내 노후 저층 주거지를 하나의 그룹으로 모아 개발하는 사업이다. 모아주택 여러 개를 블록 단위로 모아 새로 개발하는 것인데, 아파트처럼 지하주차장, 커뮤니티 등의 시설도 들어가게 된다. 오세훈 서울시장이 추진하는 대표적인 정비모델로 2023년 11월 현재 75곳이 대상지로 선정됐다.

모아타운은 '소규모주택정비 관리지역'을 지정하는 법정 계획을 통해 법적·제도적 효력을 부여했다. 그동안 단위 또는 개별 건축물 단위로 개선이 이루어져 주차장, 공원 등 지역 단위의 정비기반시설 및 공동이용시설 확보가 어려웠던 단점을 보완할 수 있도록 했다. 서울시의 새로운 저층주거지 정비모델로 제시된 주택정책이라고 볼 수 있다.

모아타운은 재개발 등 기존의 저층주거지 정비방식과 다르다. 정비·재생·존치가 공존하면서 점진적 개선을 유도한다는 점에서 차별화된다. 규제 중심이 아닌 모아주택 활성화 취지에 부합하는 관리계획을 수립해서 추진된다.

모아타운 개념도

자료 서울시

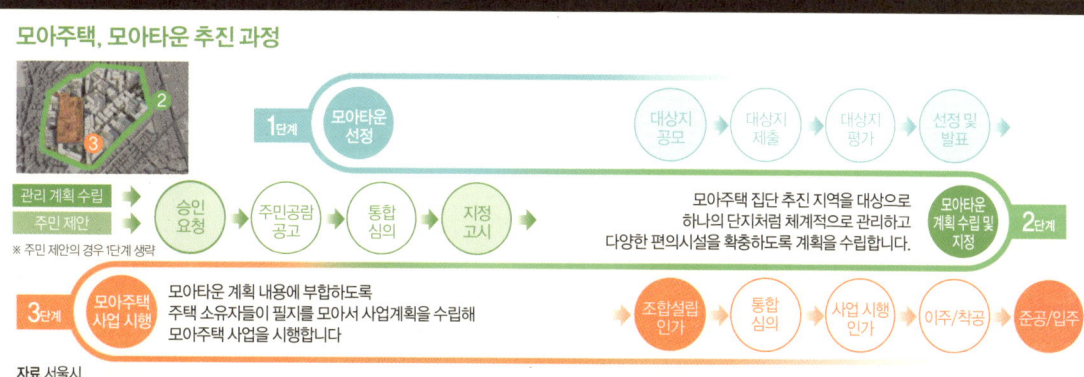

모아주택, 모아타운 추진 과정

자료 서울시

SECTION 2　내 집 마련 이렇게 하라!　1기 신도시 투자

by_김예림
법무법인 심목 대표변호사

Profile
- (사)한국지역개발학회 이사
- 한국외국어대학교 미네르바교양대학 겸임교수
- (前)한국토지주택공사 공공정비사업 자문단 자문위원

1991년 9월부터 입주를 시작한 경기 성남시 분당구의 분당신도시 아파트 단지들.

1기 신도시 투자, 장기 투자 관점 접근은 유효

1기 신도시는 경기도 성남시 분당, 고양시 일산, 부천시 중동, 안양시 동안구 평촌, 군포시 산본을 말한다. 주택난을 해소하기 위해 1989년 서울 근교의 5개 1기 신도시를 지정했고 1992년까지 약 30만 가구가 1기 신도시로 이주했다.

1기 신도시 아파트가 지어진 지 30년을 넘어서면서 노후화 문제가 대두됐다. 그러다 주택 공급 부족 문제와 맞물려 1기 신도시 재건축 활성화에 관한 논의가 이어졌다. 결국 1기 신도시 특별법 제정이 본격적으로 추진되기 시작했다. 최근엔 특별법과 관련해 구체적인 윤곽이 드러나면서 1기 신도시에 대한 관심이 높아지고 있다. 리모델링을 추진해 온 아파트 단지들은 사업 진행을 중단했고, 재건축 추진 단지들은 특별법 제정 여부에 주목하고 있다.

1기 신도시 특별법이 처음 논의되던 시점에는 특별법 적용 대상이 1기 신도시 5개 도시로만 한정됐다. 비슷한 이유로 개발이 어려운 다른 노후 도시와의 형평성 문제가

1기 신도시 특별법 주요 내용

대상	조성 완료 후 20년 이상 지난 100만㎡ 이상 택지
진행	기본방침(국토부) → 기본계획(지자체) → 특별정비구역(지자체)
특례·지원	▶재건축 안전진단 면제(공공성 확보 조건) 혹은 완화 ▶토지 용도 변경, 용적률 최대 500%로 상향 ▶입지규제 최소구역 지정 · 리모델링 가구 수 증가
기타	▶인허가 통합 심의 ▶지자체 주도로 이주대책

자료 국토교통부

불거지자 특별법 적용 대상은 '노후 계획도시'로 확대됐다. 노후 계획도시는 택지조성 사업 완료 후에 20년 이상이 지난 100만㎡ 이상의 택지를 말한다.

특별법 적용 대상을 노후 계획도시까지 확대하면 기존 5개 도시에서 약 50여 곳으로 특별법 적용 대상이 늘어난다. 대표적으로 서울 노원구 상계동이나 양천구 목동, 경기도 광명이나 수원 영통 등이 특별법의 적용을 받을 수 있게 된다.

특별법의 골자는 용적률 등 건축 규제 완화다. 그동안 개발 수익성이 낮아 재건축이 진행되지 못한 아파트 단지들에 용적률 등 인센티브를 줘서 수익성을 높여주겠다는 뜻이다. 아직 어떤 수준까지 건축 규제를 완화해줄 것인지 구체적으로 결정되진 않았다. 대신 이미 발의된 법안들의 내용으로 가늠해볼 순 있다. 현재 발의된 법안에는 종상향을 통해 최대 500%까지 용적률을 허용하는 내용이 포함돼 있다. 1기 신도시를 비롯해 특별법의 대상이 되는 노후 계획도시의 경우 대부분 평균 용적률이 200%를 상회해 재건축이 어렵기 때문에 용적률 등의 인센티브를 부여해 수익성을 극대화해 주겠단 취지다.

특별법 제정으로 1기 신도시 재건축 가능해지나

재건축 사업이 가능해지려면 개발 수익성이 일정 부분 이상 충족돼야 한다. 개발 수익성이 낮은 경우 아파트 소유자가 부담해야 하는 비용이 크다. 아파트 소유자의 비용 부담이 큰 경우 소유자 입장에서는 재건축 사업을 반대할 수 있고 재건축을 진행하더라도 객관적으로 단지 가치가 높아지기도 어렵기 때문에 재건축할 유인이 없다.

수익성을 대략 따져볼 수 있는 지표는 크게 용적률과 대지 지분이다. 용적률은 얼마나 아파트를 높게 지을 수 있는지에 관한 것이다. 대지 지분은 아파트를 짓는 데에 얼마나 많은 땅을 사용할 수 있는지를 말한다. 재건축으로 지을 수 있는 추가 가구 수가 많아야 개발 수익성이 높은데 추가 가구 수를 가늠해볼 수 있는 지표가 바로 용적률과 대지 지분인 것이다. 현재 재건축하려는 아파트의 용적률이 낮을수록, 대지 지분이 클수록 수익성이 더 커질 가능성이 높다고 판단할 수 있다.

문제는 1기 신도시를 비롯해 노후 계획도시의 경우 평균 용적률이 200%를 웃돌 정도로 용적률이 높다는 것이다. 서민에게 주택을 공급하기 위한 목적으로 지어진 아파트 단지가 대부분이기 때문에 중소평 평형으로 구성돼 대지 지분도 그다지 크지 않다. 현재 법 규정에 따라 재건축이 진행되면 개발 수익성이 좋지 못해 재건축 자체가 진행되기 어렵다.

이런 이유로 그동안 1기 신도시 등에서는 재건축보다는 리모델링을 통해 아파트 노후화 문제를 해결하려는 움직임이 주류였지만 특별법이 흐름을 바꿔놨다. 특별법이 제정되면 개발 수익성이 개선돼 기존에 재건축이 불가능했던 곳도 재건축할 수 있게 된다. 실제 특별법 제정이 발표되면서 1기 신도시 등에서는 기존에 리모델링을 진행하고 있던 단지 내에서도 재건축으로 선회

특별법과 관련해 구체적인 윤곽이 드러나면서 1기 신도시에 대한 관심이 높아지고 있다. 리모델링을 추진해 온 아파트 단지들은 사업 진행을 중단했고, 재건축 추진 단지들은 특별법 제정 여부에 주목하고 있다.

경기도 고양시 일산 킨텍스 일대 아파트 단지 모습.

> **용어 설명**
>
> ## 용적률
>
> 건축물의 연면적(건축물 각 층 바닥면적의 합계)을 대지면적으로 나눈 값이다. 지하층 및 주차용으로 쓰이는 바닥면적, 지상층 주차장, 주민공동시설면적, 초고층 건축물의 피난안전구역 면적은 연면적에 포함하지 않는다.

지 않고 기존 법에 따라 재건축을 원한다고 공개적으로 의사를 표하기도 했다.

용적률 등을 무제한으로 높일 수 없는 이유는 주변 아파트 등과의 일조 침해 등 환경분쟁이 발생할 여지가 있기 때문이다. 서울의 한 재건축 단지도 용적률 상향을 위해 공공 재건축을 택했지만, 주변 아파트에 대한 일조 침해로 인해 용적률 상향이 불가능해지자 결국 민간 재건축으로 다시 선회했다. 특별법이 제정되더라도 여러 가지 따져볼 때 용적률 등 건축 규제 완화를 적용할 수 있는 단지는 상당히 제한적일 수밖에 없다.

현실적인 문제로 이번 특별법 안에는 리모델링 사업 활성화에 관한 방안도 함께 포함돼 있다. 기존 리모델링의 경우 일반 분양 가구를 기존 가구 수의 15% 범위에서만 늘릴 수 있었지만, 특별법에 따르면 늘릴 수 있는 일반 분양 가구 수가 30~40% 수준으로 늘어날 여지가 있다. 결국 재건축과 리모델링 투트랙으로 갈 수밖에 없다.

특별법 제정이 능사는 아니야

특별법만 있으면 모든 것이 해결될 것 같지만 구체적으로 들여다보면 상황은 조금 다르다. 모든 단지에 일률적으로 용적률 등 건축 규제를 완화해줄 수는 없어서다. 용적률이 높으면 이른바 '닭장 아파트'와 같은 외관의 아파트가 탄생한다. 용적률 499%를 적용받은 경기도 수원의 한 아파트 단지도 외관에 대한 평가를 두고 논란이 많았다. 용적률 등 건축 규제를 완화하면 인구 밀도가 높아져 그로 인한 교통 체증 등이 악화하는 문제가 있고, 인센티브를 부여한 만큼 임대주택 공급 등의 의무도 함께 부과될 것이어서 전체적으로 단지 가치가 하락하는 결과로 이어질 수 있다. 요즘 실수요자들이 선호하는 주거 양상에 맞지 않는 아파트가 양산되는 꼴이다. 이런 이유로 1기 신도시 중 일부 아파트 주민들은 특별법을 적용받해야 한다는 주장이 제기돼 사업지 내 분쟁이 발생한 곳이 상당수 있다.

알아두면 쓸모 있는
투자처 선별 주의사항

1기 신도시 등 노후 계획도시 투자의 경우 사업지를 선별해 접근할 필요가 있다. 먼저 개발 수익성이 높아 재건축이 가능한 단지를 중심으로 투자처를 가려내야 한다. 특별법이 제정되더라도 본격적으로 재건축 사업으로 아파트가 완공돼 입주까지 가능한 시점은 빨라야 15년 이후다. 이마저도 일시적으로 대규모 이주 등이 일어나면 부동산 시장에 혼란이 발생할 수 있어 재건축 사업

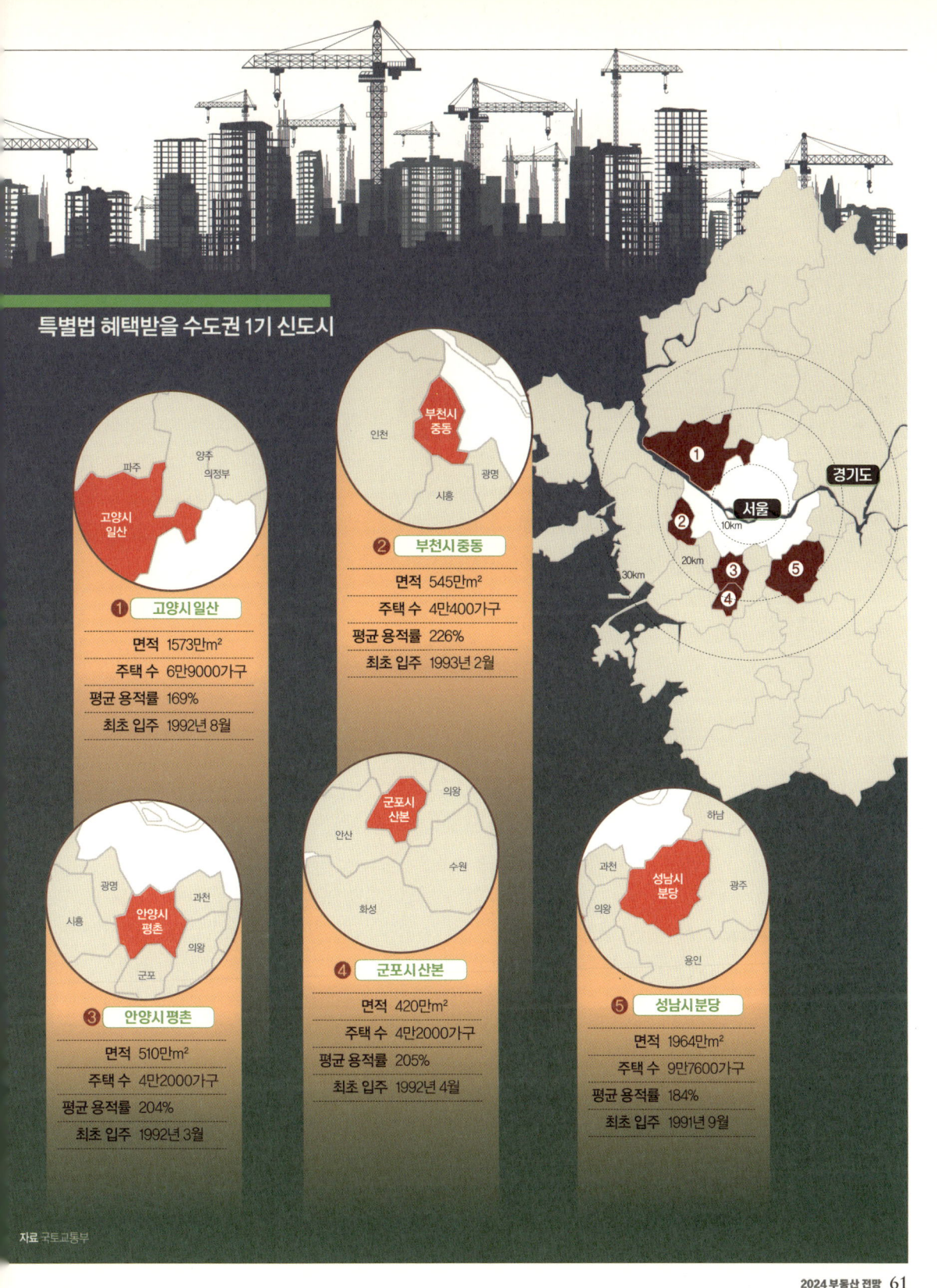

SECTION 2 내 집 마련 이렇게 하라! · 1기 신도시 투자

SRT수서역에서 진행된 GTX-A '수서-동탄' 구간 시운전 행사에서 열차가 출발을 기다리고 있다.

역급행철도(GTX)-A 노선의 개통이 가시화되면서 일대 아파트의 신고가 거래가 이어졌다. 경기도 화성시 동탄역 인근 단지는 전용 102㎡가 20억원에 거래됐는데 최근 한 달 새 2억원이 오른 값이다. 경기도 일산 신도시 킨텍스역 인근에서도 전용 104㎡가 17억원대에 거래돼 신고가를 새로 썼다. GTX 노선의 경우 도입 초기부터 현실성에 끊임없이 의문이 제기돼 왔다. 그만큼 실제 노선이 개통되는 시점에 그로 인해 매매가격에 영향을 미치는 폭이 클 수 있다. 아직 1기 신도시 등에서도 GTX 호재 등이 존재함에도 저평가돼 있는 지역이 상당수 있다.

특별법 세부 지침 나와야
개발 계획 명확해질 것

특별법의 주요 내용만이 발표된 상황이기 때문에 앞으로 구체적인 세부 지침이 마련돼야 1기 신도시 등의 개발계획이 가시화될 것으로 보인다. 1기 신도시를 비롯해 노후 계획도시의 특성이 제각각인 만큼 특성에 맞도록 개발계획을 수립할 필요가 있다. 여의도의 한 재건축 단지는 여의도만의 특성을 고려해 금융 등 비주거 시설을 공공기여로 요구하는 등 금융중심지를 지원하는 형태의 주거단지로 개발될 계획이다. 해당 지역의 특성에 맞게 개발방식을 다양화해야 한다.

큰 틀의 개발계획이 정해지면 공공기여 등에 관한 세부 지침이 마련돼야 한다. 세부 지침이 구체적으로 마련돼 있어야 인허가 과정에서 발생하는 혼란을 줄일 수 있다. 인허가 과정에서 발생하는 혼란은 결국 재

을 순차적으로 진행할 수밖에 없다. 때문에 개발 수익성이 높고 주민 동의율이 높은 단지가 먼저 재건축 사업이 진행될 것이다. 다음으로 살펴볼 곳은 기존에 재건축이 어려워 저평가된 곳이다. 그중 특별법 제정으로 혜택을 받을 수 있는 곳이어야 한다. 예를 들어 분당의 한 재건축 단지는 용적률이 200%가 넘어 재건축 사업을 진행하기 어려웠다. 그렇지만 역세권에다 8000가구 이상의 대규모 단지이고 상권이나 공원 학교 등 공공시설도 잘 갖춰져 있는 등 입지가 좋은 편이다. 이 단지의 경우 기존 용적률을 기준으로 재건축하면 일반분양비율이 10% 남짓이지만 특별법을 통해 용적률이 50% 정도만 높아지더라도 일반분양비율이 30% 대로 크게 높아진다. 서울 노원구의 재건축 단지들도 대지 지분이 적어 현재 추가 분담금이 많이 발생하는 구조지만 특별법의 적용을 받게 되면 이런 부담이 줄어 투자가치가 높아질 수 있다.

교통 호재가 풍부하지만, 아직 저평가되어 있는 단지를 주목해야 한다. 최근 수도권광

용어 설명

임대주택

국가나 민간건설업체가 건설하여 주민들에게 임대해주는 주택. 재정 및 국민주택기금의 지원을 받아 전용면적 25.7평 이하로 건설해 5년 이상 임대하는 모든 주택을 말한다.

건축 사업을 저해하는 요소로 작용한다.
리모델링 사업의 경우에도 재건축에 비해 신속하게 사업을 진행할 수 있다는 점이 장점으로 꼽혀왔다. 하지만 서울시에서 근거가 존재하지 않는 임대주택을 공급하도록 리모델링 조합들에 요구하면서 그로 인한 갈등이 심화했다. 결국 시에서 이와 같은 요구를 철회하면서 분쟁이 종결됐지만, 임대주택 공급을 둘러싸고 분쟁이 발생한 기간만큼 리모델링 사업이 일제히 지연됐다. 마찬가지로 특별법이 적용되는 경우에 관해 세부 지침이 구체적으로 마련돼야 이와 같은 불필요한 혼란을 미리 방지할 수 있다.

특별법의 내용이 가시화될수록 1기 신도시 등 노후 계획도시와 관련된 개발계획이 보다 명확해질 것으로 보인다. 지금까지 특별법과 관련해 발표한 대책을 살펴보면 절차의 간소화와 용적률 등의 건축 규제 완화, 이와 더불어 재건축 진행이 어려운 곳에 대해서는 리모델링 사업을 통해 노후화 문제를 해결할 수 있도록 하겠다는 개략적인 내용만이 담겨 있을 뿐이다.

만약 1기 신도시 등 노후 계획도시 투자를 염두에 두고 있다면, 위험을 줄이는 방향으로 투자처를 선별하는 지혜가 필요할 것으로 본다. 현재 법 규정에 따라서도 재건축이 가능하지만, 저평가된 단지가 제일 손꼽히는 투자처가 될 수 있다. 다음이 특별법의 수혜를 입어 재건축이 가능해지는 단지가 될 것이다. 다만 특별법 제정에만 소요되는 시간이 상당히 길 것으로 예상되는 만큼 장기 투자로 접근해 자금계획 등을 세우는 것이 바람직하다.

경기도 성남시 분당구 정자동 일대에 걸려 있는 공동주택 리모델링 수직증축을 환영하는 현수막.

교통 호재가 풍부하지만, 아직 저평가되어 있는 단지를 주목해야 한다. 최근 GTX-A 노선의 개통이 가시화되면서 일대 아파트의 신고가 거래가 이어졌다.

목동 재건축 단지별 현황

단지명	준공연도	가구 수	대표 평형	용적률	지분
목동 1단지	1985	1,882	35	123%	25.54 ~ 27.32
목동 2단지	1986	1,640	35	124%	26.39 ~ 27.14
목동 3단지	1986	1,588	35	122%	27.86 ~ 28.07
목동 4단지	1986	1,382	35	124%	26.49 ~ 27.44
목동 5단지	1986	1,848	35	116%	27.28 ~ 27.89
목동 6단지	1986	1,362	35	139%	25.97
목동 7단지	1986	2,550	35	125%	25.6 ~ 29.1
목동 8단지	1987	1,352	38	154%	24.32
목동 9단지	1987	2,030	38	133%	26.6 ~ 26.8
목동 10단지	1987	2,160	38	123%	29.32 ~ 29.46
목동 11단지	1988	1,595	27	120%	21.38 ~ 24.43
목동 12단지	1988	1,860	27	119%	18.48 ~ 20.8
목동 13단지	1987	2,280	35	159%	22.41 ~ 22.51
목동 14단지	1987	3,100	38	122%	26.29 ~ 26.55

부동산으로 돈 벌기

한국갤럽의 조사에 따르면, 대한민국 성인 남녀 절반은 자산을 증식하는 데 가장 유리한 재테크 방법으로 부동산을 꼽았다. 심심치 않게 들려 오는 연예인의 부동산 대박 소식이나 온라인상에 퍼진 부동산 투자 성공담을 듣고 있자면 자연스레 부동산으로 돈 벌기에 관심이 쏠린다. 하지만 무작정 시작한다면 불빛에 달려드는 나방 꼴이 되기 십상이다. GTX를 중심으로 완성될 광역교통망 호재부터 토지 투자 공략법, 오피스텔 투자 접근법, 상가 투자 입지 분석법까지 실전에 뛰어들기 전 알아둬야 할 다양한 부동산 재테크 노하우를 살펴본다.

SECTION 3

알아두면 쓸모있는 부동산 용어!

주거 전용 면적 vs 공용 면적

주거 전용 면적

아파트 등 공동주택에서 공용면적을 제외하고 주거의 용도로만 쓰이는 면적을 말한다. 방과 거실, 주방, 화장실 등이 이에 속한다. 발코니는 전용 면적에서 제외된다.

공용 면적

공동주택 중 주거 전용 면적 이외의 2가구 이상이 공동으로 사용하는 계단, 승강기실, 복도, 옥탑, 전기 및 기계실, 보일러실, 지하실, 지하 주차장, 관리사무실, 경비실, 노인정 등의 면적을 말한다.

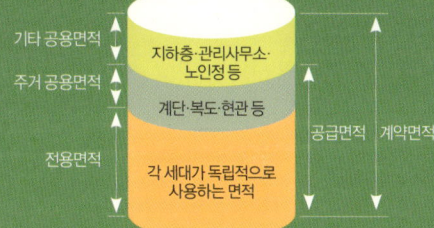

다가구주택 vs 다세대주택

다가구주택

하나의 건물 안에 여러 가구가 살 수 있도록 건축된 3층 이하 주택. 등기부등본상 단독주택의 범주에 속해 하나의 건물에 소유주는 한 명이다.

다세대주택

하나의 건물 내에서 여러 가구가 살 수 있도록 건축된 4층 이하 주택. 주택건설촉진법상 공동주택에 속하며, 등기부등본상 여러 세대로 나누어서 등기되어 소유주가 여러 명이다.

내용	다가구주택	다세대주택
구분	단독주택	공동주택
소유	개별 소유 불가	개별 소유 가능
가구 수	19가구 이하	제한 없음
주거용 층수	3개 층 이하	4개 층 이하
연면적	660㎡ 이하	

SECTION 3

부동산으로 돈 벌기 · 토지

2024 토지 투자 공략 포인트

by_ 김종율

김종율 아카데미 대표

Profile
- 건국대학교 대학원 부동산학 석사
- 보보스부동산연구소 대표

부동산을 가진 사람들 중에 2023년을 행복하게 기억할 사람은 별로 없을 것이다. 미국발 고금리 상황이 지속되며 자산 가격이 많은 조정을 받았기 때문이다. 게다가 미국의 제조업 경기가 둔화되며 수출마저 여의치 않아 무역수지도 나빠지고 있다. 일각에선 외환위기 때보다 징후가 훨씬 나쁘다고 호들갑을 떨고 있지만 전혀 그렇지 않다. 우리는 세계 10위 안에 드는 무역 강국이다. 당연히 세계 경기가 좋지 않으면 수출이 줄고 그로 인해 무역수지는 나빠진다.

어느 언론에선가 우리의 무역수지가 세계 200위라며 곧 나라가 망할 것 같이 묘사했는데 실상은 그렇지 않다. 어느 지역에 월 2000만원 정도 수입이 있는 집이 있고 나머지는 500만원 정도라고 가정해 보자. 그런데 월 2000만원 집에 사정이 생겨 몇 개월간 지출이 컸고 그로 인해 그 몇 개월의 가계수지를 분석해 보니 그 집이 그 지역에서 꼴등 수준이 됐다. 그럼 이 집이 곧 망할 집인가? 속을 들여다보니 주변 월 500만원 버는 집보다 쌓아 둔 재산도 월등히 많고 일시적인 사정으로 지출이 많았던 것이며 수입은 여전히 지속될 것이라면 전혀 문제될 것이 없다. 외부 변수가 생겨도, 경제 위기가 닥쳐도 더 잘 견뎌낼 집은 월 2000만원 수입의 집이다.

우리나라는 세계 10대 무역 상품 중 거의

서울 강동구 둔촌주공아파트 재건축 현장. 이 재건축 단지는 프로젝트파이낸싱(PF)이 차환 발행에 실패하면서 시공사업단이 자체 자금으로 보증한 사업비 7000억원을 상환하기로 하는 등 어려움을 겪었다.

2021년 수도권 국가도로망 종합계획

자료: 국토교통부

지연되는 공사현장, 오히려 매물 잡는 기회 될 수도

모든 산업에서 수위를 차지하고 있다. 반도체, 자동차, 석유화학, 철강, 조선, 바이오, 디스플레이, 전기전자 뭐 하나에 우리 기업이 세계적 선두권에 있지 않은 산업이 없다. 게다가 지금은 외환보유액이 외환위기 직전보다 100배 이상 많은데 이는 세계 10위 안에 드는 규모다. 즉, 일시적인 무역수지 적자를 걱정할 필요는 없다는 것이 필자의 진단이다. 국제 원자재와 에너지 가격 상승, 환율 상승, 미국의 제조업 경기 둔화로 인한 수출 감소로 일시적으로 무역수지가 나빠지고 경기가 둔화된 것으로 봐야 한다. 긴 시간 침체로 갈 상황이 아니란 것이다.

그럼에도 부동산 시장에 부는 바람은 차다. 토지투자에는 어떤 악영향을 끼치고 있을까? 우선 PF(프로젝트파이낸싱) 대출이 거의 막히다시피 하다. 공사비와 대출이자가 그렇게 늘어나버리니 감당이 안 되는 것이다. 문제는 이뿐이 아니다. 진행 중인 온갖 공사도 지연이 불가피하다. 공사 중인 고속도로도 모조리 개통 시기를 늦춰 잡고 있다.

물론 기회도 이 때문에 온다. 2024년을 내다보며 공략해야 할 데가 바로 이런 곳들이

일시적인 무역수지 적자를 걱정할 필요는 없다는 것이 필자의 진단이다. 국제 원자재와 에너지 가격 상승, 환율 상승, 미국의 제조업 경기 둔화로 인한 수출 감소로 일시적으로 무역수지가 나빠지고 경기가 둔화된 것으로 봐야 한다.

경기 파주시 송촌동 수도권 제2순환 고속도로 김포~파주 간 건설 현장.

다. 곧 착공에 들어갈 곳만 호재가 아니다. 공사를 했는데 실현이 늦어지고 있는 곳에 가서 당장의 경기둔화와 고금리를 못 버티고 나오는 매물을 잡아야 한다.

2021년 국토교통부는 전국 국가도로망 종합계획을 발표했다. 이 중 수도권의 것만 확대해 살펴보면 위 그림과 같다.

수도권은 제1외곽 순환도로를 가운데 두고 좀 더 외곽지역으로 제2외곽 순환도로를 완성하겠다는 계획을 갖고 있다. 또 9개 방사축 도로를 활용해 서울과 제1외곽 순환도로와 제2외곽 순환도로를 연결하겠다는 계획이다. 이러한 도로 중 일부는 개통을 했고 일부는 공사 중이다. 이렇게 되면 수도권은 어떻게 재편될까?

우선 서울 시내에 있는 소규모 제철소 같은 공장들은 대거 외곽으로 이전을 할 것으로 보인다. 그 자리는 지식산업센터가 대신할 것으로 예상된다. 성수가 그렇게 해왔고 그 다음으로 문래가 진행되고 있다. 수도권 제1외곽 순환도로 내의 산업들은 대거 제2외곽 순환도로 IC 근처로 재편될 것이다. 서울 시내에 준공업지역이 처음 지정되었던 1960년대의 산업과 지금의 산업구조는 달라도 너무 다르기 때문에 새로 판을 짤 때가 충분히 된 것이다.

필자는 2018년 4월 방사축 중 하나인 파주 고양축에 있는 공장 한 곳을 낙찰받은 일이 있다. 당시 낙찰가는 9억원 정도였는데 감정가보다 높게 낙찰을 받았다. 그 이유는 간단했다. 그 곳의 위치가 파주시 월롱면 도내리였는데 이곳은 공장설립허가를 받기 용이한 계획관리지역이었음에도 1외곽 순환도로로 접어들 도로가 좋지 않아 공장

용어 설명

계획관리지역

도시지역으로의 편입이 예상되는 지역 또는 자연환경을 고려하여 제한적인 이용·개발을 하려는 지역으로서 계획적·체계적인 관리가 필요한 지역.

이 그리 많지 않았다. 쉽게 말해 서울 접근성이 나빴던 것이다. 하지만 방사축 중 하나인 파주고양축의 호재에 든 땅으로 당시엔 파주(문산)~서울 간 도로가 한창 공사 중이었으며, 개통은 불과 1년 여를 앞두고 있었다. 또 하나 호재가 있는 것이 제2외곽 순환도로도 실시계획이 나고 착공을 앞두고 있었으며 그 도로 IC(월롱IC)가 이 물건 바로 앞으로 나는 것이었다.

매입을 하곤 꽤나 힘들었다. 공장 임대가 1년이 넘도록 되지 않았기 때문이다. 그럼에도 도로 호재가 무르익으며 매도를 하란 권유를 많이 받았다. 끝까지 매도를 않다가 파주(문산)~서울 간 도로가 개통하고 얼마 지나지 않아 보증금 4000만원, 월세 350만원에 임대를 맞추게 됐다. 지금은 파주~서울 고속도로 개통호재를 톡톡히 입고 있는데 제2외곽 순환도로까지 실현기에 와 있으니 가격은 더 가파른 오름세에 있다. 주변 부동산에 매도를 이유로 슬쩍 운을 띄워 보니 낙찰가의 2배를 훌쩍 넘기는 액수를 제안받았다. 방사축 도로의 효과를 톡톡히 본 것이다.

공장하기 좋은 땅 선점해야…
방사축·순환도로 생기는 곳

그렇다면 다음으로 이렇게 될 곳은 어디일까? 답은 간단하다. 도로망 구축계획 전에는 도로가 하나도 없던 지역인데 방사축 도로도 생기고 순환도로도 생기는 곳으로 가면 된다. 그곳에 가서 공장하기 좋은 조건을 갖춘 땅을 사면 된다. 그 다음은? 공장이 많이 들어서서 정주인구가 늘면 그 주변에 그곳 인구들이 거주하기 위한 땅, 즉 다세대나 다가구 주택을 짓기 좋은 땅을 사면 된다. 단, 주거용 건축을 위한 땅을 투자할 때는 반드시 주변에 택지 공급이 있는지 확인해야 한다. 소규모라도 도시개발사업 진행이 원활하다면 구도심의 주거용지는 수요가 확 줄어들기 때문이다.

그런 의미에서 김포 강화의 방사형 도로인 강화~계양 고속도로가 들어서고 제2외곽 순환도로가 개통한 김포 통진읍 주변이 눈에 띈다. 또 제2외곽 고속도로는 공사를 하고 있고 의정부축 방사형 도로가 개통할 양주시 광적면도 좋아 보인다. 남양주 구리축에는 수동IC가 방사형 도로와 제2외곽 순환도로를 앞두고 있는데 이 지역은 방사형 도로가 더 먼저 개통할 예정으로 이미 물

주거용 건축을 위한 땅을 투자할 때는 반드시 주변에 택지 공급이 있는지 확인해야 한다.

의정부축 방사형 도로가 개통할 양주시 광적면

SECTION 3 부동산으로 돈 벌기   토지

서울~세종 간 고속도로.

> 서울~세종 간
> 고속도로 IC 주변에는
> 3~4년 뒤에 고속도로
> 개통과 산업단지의
> 입주, 두 가지 호재를
> 받을 곳이 더러 있다.
> 지금 같은 불경기
> 파고를 못 이기고
> 나오는 매물 중
> 좋은 곳에 투자해볼
> 만하다.

류산업단지 등이 한창 조성 중에 있다. 가격이 이미 오름세를 꽤 탔다는 의미이다.

앞서 언급한 김포 통진과 양주 광적면은 방사형 도로의 개통이 꽤나 긴 시간을 앞두고 있어 당장 좋은 곳은 아니다. 김포 통진의 경우 이미 하나의 호재인 제2외곽 순환도로는 개통을 했고 이로 인해 공장부지가 상당한 가격 상승이 있었다. 더 오르기야 하겠지만 다음 호재가 한참 뒤에나 있으니 지금 종전보다 오른 금액에 사기엔 좀 멀리 봐야 한다는 단점이 있다. 양주 광적면의 경우 공장과 축사가 반씩 섞인 곳이다. 시간이 지나면 축사가 점차 자리를 공장에 내줄 것으로 본다. 그렇게 도농복합도시가 점점 도시화되는 것 아니겠나? 양주 광적면의 경우 IC 개통이 제2외곽은 2년 정도 앞둔 시점으로 꽤 좋지만 방사형 도로인 의정부~양주 고속도로가 아직 실시계획도 나오지 않은 상태다. 2030년 개통이라 하지만 지금은 착공을 해야 개통시기를 가늠할 수 있다. 다만 이 지역은 제2외곽 순환도로를 타면 서울~세종 간 도로를 쉽게 이용할 수 있다. 이 도로를 이용하면 수도권 주요 거점으로 신속하게 이동이 되니 그 효과는 톡톡히 볼 것이다. 하지만 여전히 핵심은 의정부축의 방사형 도로다. 이 도로는 양주시 은현면과 광적면을 통과하여 서울 1외곽에 연결하는 것뿐 아니라 서울 내 동부간선도로 지하화(현재 공사 중)와 연결되어 삼성역 지하화 구간까지 직결된다. 방사축 도로 중 가장 강력한 도로가 될 전망이다.

그렇다면 서울~세종 간 도로는 사정이 어떠할까? 서울~세종 간 고속도로는 재정방식의 사업으로 초기엔 예산 집행도 좋고 공사 진척도 계획한 것에 맞춰 잘 진행되고 있다. 공정률이 초기에 계획한 것과 차이가 거의 없다고 알려졌다. 그러면서 포천~구리 구간은 우선해 개통할 수가 있었던 것이다. 그런데 경기 남부로 이어지는 하남~안성 구간부터 말썽이다. 물론 안성~세종 간 구간도 늦어지긴 마찬가지다. 우크라이나 전쟁과 인건비 인상 등으로 공사비가 크게 올라 버린 것이다. 공정률이 늦춰지기 시작한 것도 이때부터다. 서울~세종 간 고속도로는 2020년만 하더라도 2022년 말 개통이 기정사실화되어 있었다. 그런데 2023년 말이 다 되어가는데도 개통은 또 '1년 더'를 요청하고 있다.

대개 이런 고속도로 계획은 산업단지 계획과 함께 오는 것이 많다. TOD(Transit-Oriented Development) 개발이라는 어려운 단어를 쓰지 않아도 산업단지가 오려면 도로가 함께 해야 한다는 것, 고속도로를 개통해 놨으니 주변에 공단이 있으면 잘될 것 같다는 것이 상식 아니겠는가. 그리고 그 산단으로 인해 인구가 늘어나면 그 주변에 주거지역도 생겨나는 것이다.

즉, 서울~세종 간 고속도로 IC 주변에는 산업단지 계획이 너무 많다는 게 단점이다. 3~4년 뒤면 고속도로 개통과 산업단지의 입주, 두 가지 호재를 받을 곳이 더러 있다. 지금 같은 불경기 파고를 못 이기고 나오는 매물 중 좋은 곳에 투자해볼 만하다. 그런 것들을 지금 사 놓으면 호재가 실현되어가며 가격이 오르는 것은 물론 금리까지 제자리를 잡아가니 시장 상황도 좋아질 것이 예상되기 때문이다.

용인 원삼면은 원삼IC가 개통을 1년여 앞두고 있다. 동측으로는 원삼반도체 클러스터가 착공을 하여 매우 빠르게 공사가 진행 중에 있다. 서쪽으로는 삼성반도체 단지가 예정되어 있는데 현재 도시계획상으로 확정된 바는 없다. 삼성반도체 예정지는 현재 '개발행위허가제한지역'으로만 지정되어 있는

> **용어 설명**
>
> **TOD**
> Transit-Oriented Development.
>
> 대중교통지향형 개발로, 대중교통과 토지 이용을 연계해 대중 교통 중심의 개발을 유도하는 도시 개발 방식을 말한다.

서울~세종 간 고속도로 원삼IC 위치 예상도

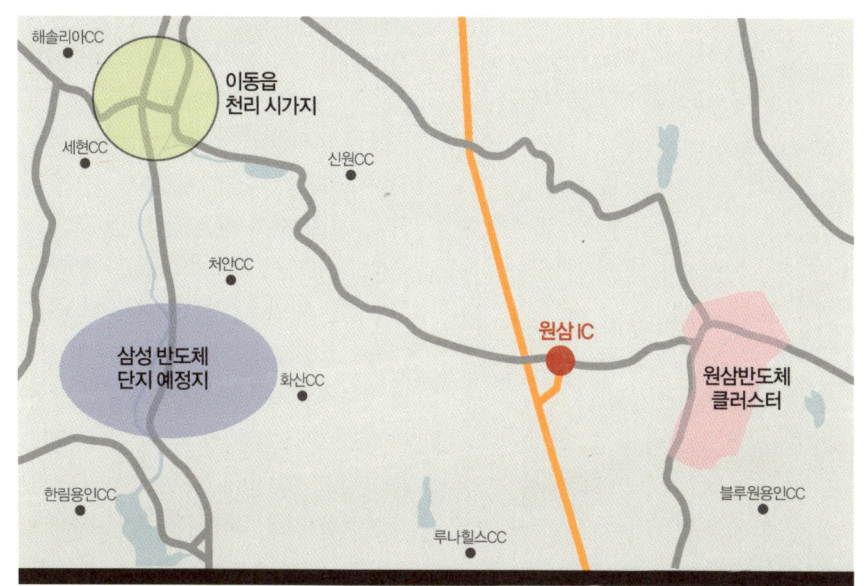

경기 남부권 추천 투자처 TOP3

- 화성
- 평택
- 안성

데 이는 계획개발해 수용할 계획이 있는 곳에 사개발을 막기 위해 지정을 한 것이다. 2023년 4월에 지정된 개발행위허가제한지역이 지정 후 3년간 개발행위를 제한하는 것으로 비추어 보면 2024년이나 2025년 무렵에 개발구역으로 지정이 될 것으로 내다 보고 있다. 그러는 사이에 서울~세종 간 고속도로 원삼IC는 개통을 할 것으로 보인다. 그렇게 된다면 이 일대에 미니신도시라고 불리는 도시개발사업도 활성화될 전망이다. 개발사업의 후보지가 될 만한 녹지지역 투자를 하는 것도 괜찮은 투자가 될 수 있다. 다만 원삼면 주변의 녹지지역은 도시개발사업지로 적합하지 않을 수도 있다. 반도체 이전에 대한 기대감을 안고 땅값이 초반에 너무 올랐기 때문이다. 고덕 국제신도시에 삼성전자가 들어선다는 발표가 났던 2012년, 같은 해에 지제역에 수서 고속철도(SRT)가 들어선다는 국토부의 발표도 있었다. 당연히 그 앞의 땅 값은 KTX만큼이나 빠른 속도로 가격이 올랐지만 정작 도시개발사업은 한동안 이뤄지지 못하고 땅값도 초반에 오른 금액에서 정체기를 맞았다. 2016년 가을, 삼성전자도 1차 공장 가동을 시작하고 지제역도 개통했지만 역세권 개발사업은 전혀 기미를 보이지 않았다. 그러다 2023년 6월이 되어서야 국토부에서 수용방식의 도시개발사업인 '지제역 콤팩트시티'를 개발하겠다고 발표했다. 초기에 가파르게 오른 가격이 개발사업에 독이 된 지제역의 사례를 반면교사(反面敎師) 삼아서 이동읍과 백암면 시가지 주변 녹지지역 중 가격이 오르지 않은 것으로 골라 보면 좋은 투자가 될 수 있다.

또 서울~세종 간 고속도로 라인에 어떤 투자처가 있을까? '안성 산업단지'라고 검색을 하면, 아마도 최근 3년 이내에 신규로 지정하고 추진하는 사업들이 꽤 검색될 것이다. 게다가 안성맞춤IC 주변으로는 안성에 반도체 소부장(소재·부품·장비) 업체의 클러스터로 조성된다는 발표까지 있었다. 고삼저수지는 둘레길을 조성하겠다고 발표를 했으며 고삼IC로 연결되는 도시계획시설도로는 안성시의 예산이 아닌 경기도의 예산으로 도로 확충이 되고 있다. 당연히 이 일대 공장하기 좋은 땅인 계획관리지역의 땅을 사두면 좋은 투자가 될 것이라고 본다. 경기 남부권의 투자처 3인방을 말하자면 화성, 평택, 안성을 꼽는다. 그간엔 안성이 화성 평택에 비해 꽤나 무게감이 떨어

경기도 안성시 고성면~삼죽면 도로확포장공사

자료: 경기도

성장관리계획 제도 개요

성장관리계획 제도	개발압력이 높은 지역에 대해 기반시설 설치·변경, 건축물 용도 등에 관한 방향을 미리 설정하여 계획적 개발 유도하는 계획
대상 지역	녹지지역, 관리지역, 농림지역 및 자연환경 보전지역 중 개발 압력이 높은 지역 * 중심으로 수립
수립 내용	기반시설 배치·규모, 건축물 용도·밀도계획, 건축물 배치·형태·색채·높이, 환경관리 및 경관계획 등 * 무질서한 개발 진행·예상지역, 시가화 예상지역, 주변지역과 연계한 체계적 관리 필요지역 등
인센티브	❶ 개발밀도 확대 ❷ 허용용도 확대 ❸ 도계위 심의 면제 등

자료 국토연구원

졌다. 하지만 서울~세종 간 고속도로와 그로 인해 들어서게 되는 많은 산업단지들로 인해 형들과 어느 정도 어깨를 맞출 수 있게 될 전망이다.

도로계획과 성장관리계획 수립안도 살펴야

이제 수도권 공장은 일대 정비에 들어갈 전망이다. 공장하기 좋거나 많은 곳은 더 공장이 몰리고 그렇지 않은 곳은 아예 공장설립 허가를 불허할 전망이다. 정부는 2013년 국토계획법을 수정하며 개발압력이 높아 난개발이 예상되는 지역에 주거·상업·산업형 등으로 주된 용도를 정해 인센티브를 주는 안을 시행하고 있다.

눈에 띄는 것이 2024년 1월부터는 계획관리지역 내 성장관리방안 수립 내용이 공장에 적합해야 신규 설립허가를 해주는 것을 골자로 하는 '성장관리계획'이 수립됐다는 점이다. 이에 따라 수도권의 많은 지자체에서 성장관리계획을 수립했거나, 하고 있다. 양주시의 경우 올봄에 주민설명회를 하고 의견 청취까지 마쳐 곧 수립한 내용으로 고시가 될 전망이다. 화성시는 이를 위해 화성시에 공장이 좀 있다 싶은 전 지역의 계획관리지역에 대해 개발행위허가제한지역으로 지정해 놓았다. 공장 천국인 화성시에서 공장을 신규로 하고 싶다면 이제 계획관리지역이며 성장관리계획안도 공장설립에 부합돼야 한다.

그간 수도권 계획관리지역은 도로가 새로 나면 거의 예외 없이 가격이 올랐다. 화성시 우정읍의 경우 인천~평택 간 고속도로가 개통하며 조암IC를 개통했는데 이 도로의 개통으로 이 일대 공장이 정말 많이 늘었다. 인천에서 이전해 오는 수요가 특히 많았다는 것이 지역 중개인들의 전언인데, 이제 이런 현장이 지역별로 구분될 것이다. 성장관리계획에 따라 산업형(또는 공장형)으로 지정되어야 공장설립이 가능하기 때문이다. 양주시를 포함해 성장관리계획을 수립한 지자체를 보면 이미 공장이 많은 지역에 산업형 성장관리계획을 수립하는 것을 보아 왔다. 즉, 도로 개설의 진척에 맞춰 투자를 하되, 성장관리계획도 따져서 투자를 해야 한다. 2024년부터는 성장관리계획이 수도권 모든 계획관리지역에 의무적으로 도입될 전망이기 때문이다.

개발사업의 후보지가 될 만한 녹지지역 투자를 하는 것도 괜찮은 투자가 될 수 있다. 다만 원삼면 주변의 녹지지역은 도시개발사업지로 적합하지 않을 수도 있다. 반도체 이전에 대한 기대감을 안고 땅값이 초반에 너무 올랐기 때문이다.

SECTION 3 부동산으로 돈 벌기 · · · · · · 오피스텔

by_여경희
부동산R114 수석연구원

Profile
- 한양대학교 부동산융합대학원 석사
- (前) 부동산인포 연구원
- (前) 한국건설산업연구원 초빙연구원

오피스텔 시장 냉각기 지속…
2024년 기회는?

2022년 총부채원리금상환비율(DSR) 규제 대상에 포함된 것이 타격이 컸다. 오피스텔이 애초에 아파트 대체재였던 점도 부담이다. 아파트 시장 규제가 풀리면서 실수요자들이 오피스텔을 외면하고 있다. 금리가 높은 수준을 유지하고 있다는 점도 악재다. 오피스텔은 '수익형 부동산'인데 '수익'을 결정짓는 핵심 요인이 바로 금리여서다. 금리가 높으면 실제 수익은 자연스레 내린다.

역전세, 전세사기 등 악화한 시장 환경도 오피스텔 경쟁력을 떨어뜨렸다. 공급도 문제다. 2023년 오피스텔 신규 분양물량은 13년 만에 최저 수준을 기록했다. 시장이 위축됐다는 것을 단적으로 나타낸다. 정부가 빠른 주택공급을 위해 비아파트에 대한 금융지원을 강화하기로 했지만, 수요가 바닥 수준인 만큼 공급 확대 효과는 제한적일 전망이다. 그럼에도 기회는 있다는 판

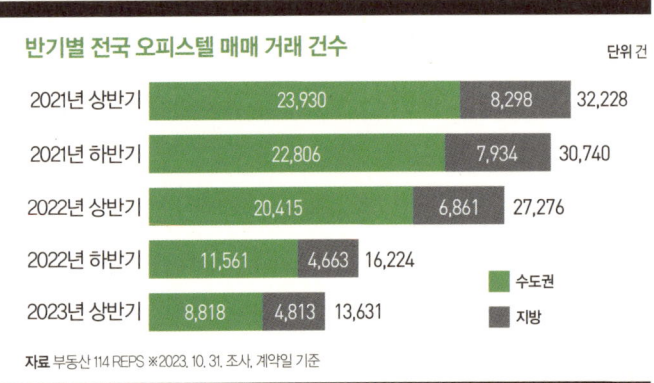

반기별 전국 오피스텔 매매 거래 건수 (단위: 건)

기간	수도권	지방	합계
2021년 상반기	23,930	8,298	32,228
2021년 하반기	22,806	7,934	30,740
2022년 상반기	20,415	6,861	27,276
2022년 하반기	11,561	4,663	16,224
2023년 상반기	8,818	4,813	13,631

자료: 부동산114 REPS ※ 2023. 10. 31. 조사, 계약일 기준

오피스텔 거래 급감, 중대형 오피스텔만 소폭 회복

오피스텔 거래 시장이 얼어붙기 시작한 시점은 금리 인상이 본격화된 2022년 하반기 이후부터다. 2023년 4월 오피스텔 담보대출의 DSR 산정방식이 만기 8년에서 일반 주택과 같은 방식으로 개선되면서 대출 한도가 늘었다. 하지만 투자자들의 관심을 환기하기에는 역부족이었다. 2023년 상반기 오피스텔 매매 건수(계약일 기준)는 2022년 하반기 1만6224건 대비 2593건(16%) 감소한 1만3631건으로 집계됐다.

오피스텔 거래량이 큰 폭으로 감소한 것은 수익형 부동산의 특성 때문이다. 수익형 부동산은 경기 여건에 민감하다. 연초 연립·다세대(빌라) 등을 중심으로 발생한 전세 사기 이슈는 임대차 시장을 뒤흔들었다. 가격이 급락하면서 집주인이 세입자에게 전세보증금을 돌려줘야 하는 역전세난까지 벌어지자 수요는 빠르게 줄었다. 여러 상황이 엎친 데 덮친 격으로 중첩되면서 오피스텔 선호도를 크게 낮췄다.

다만 절망 속에서도 희망은 보였다. 거래절벽 속에서도 전용 85㎡ 초과 거래 건수는 2022년 하반기 184건에서 2023년 상반기 298건으로 62% 늘었다. 최근 주택시장에서 주 구매층으로 떠오른 2030세대 젊은 실수요자 일부가 아파트보다 가격이 상대적으로 낮아 부담이 덜한 오피스텔을 매수한 것으로 추정된다. 전용 40~60㎡ 이하 거래 건수도 1946건에서 1993건으로 다소 늘었다.

반면 전체 거래 중 70% 이상을 차지하는 전용 40㎡ 이하 초소형 면적대에서는 거래 감소가 뚜렷했다. 대출금리 인상으로 레버리지(부채) 효과가 반감된 데다 주거 면적이 좁아 임차 수요 확보가 쉽지 않은 부분이 매력을 떨어뜨린 원인으로 지목된다.

신규 공급 위축 심화, 분양물량 13년래 최저 수준

수요뿐만 아니라 공급도 타격을 받았다. 오피스텔 신규 공급시장은 건설경기가 전반적으로 침체한 영향을 받아 크게 위축됐다. 전국 오피스텔 분양물량은 시장 호황기였던 2021년 5만6724실에서 2022년 2만6587실, 2023년 1만8854실로 급감하는 추세를 보였다. 오피스텔 분양물량이 1만실 대로 낮아진 것은 2010년(1만4762실) 이후 13년 만에 처음이다.

공급물량뿐만 아니라 입주 물량도 감소했

반기별 오피스텔 매매 거래 건수
단위: 건

계약 시점	40㎡ 이하	40㎡ 초과 60㎡ 이하	60㎡ 초과 85㎡ 이하	85㎡ 초과	전체
2022년 하반기	12,203	1,946	1,891	184	16,224
2023년 상반기	9,764	1,993	1,576	298	13,631
증감률(%)	-20	2.4	-16.7	62	-16

자료: 부동산114 REPS ※2023. 10. 31. 조사, 계약일/전용면적 기준

> 최근 주택시장에서 주 구매층으로 떠오른 20·30세대 젊은 실수요자 일부가 아파트보다 가격이 상대적으로 낮아 부담이 덜한 오피스텔을 매수한 것으로 추정된다. 전용 40~60㎡ 이하 거래 건수도 1946건에서 1993건으로 다소 늘었다.

SECTION 3 — 부동산으로 돈 벌기 — 오피스텔

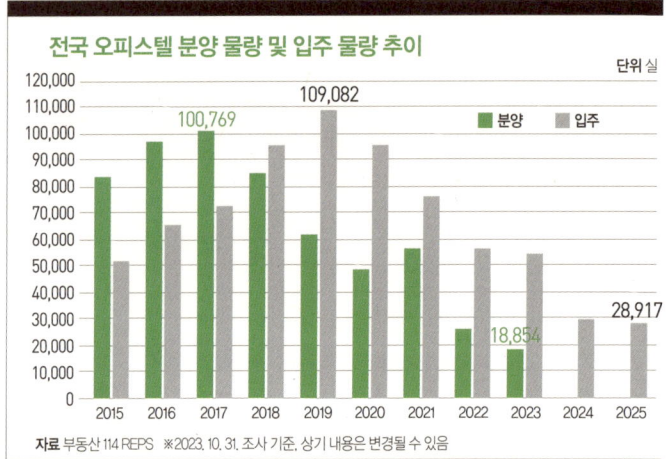

전국 오피스텔 분양 물량 및 입주 물량 추이

자료: 부동산114 REPS ※2023. 10. 31. 조사 기준, 상기 내용은 변경될 수 있음

다. 2023년 5만4153실에서 2024년에는 반 토막 수준인 2만9825실에 불과하다. 시장이 호황기일 때는 공급이 시장에 너무 많아 곤란했지만, 시장이 침체기로 들어서자 되레 공급이 너무 없는 '극과 극'인 상황이 연출됐다. 2023년 분양 물량이 급감했고 분양부터 입주까지 2~3년 정도가 소요된다는 점을 고려하면 2026년 입주 물량은 2만실 이내를 기록할 것으로 전망된다.

정부의 비아파트 금융지원, 수요 진작 없이는 효과 제한될 전망

상황이 이러자 정부가 소매를 걷어붙였다. 정부는 지난 9월 26일 '주택공급 활성화 방안' 후속 조치로 비아파트에 대한 주택도시기금 대출 지원을 확대하기로 했다. 민간사업자가 비아파트를 분양하는 경우 실당 최대 7500만원까지 대출받을 수 있게 했다. 유형별로 다가구·다세대·도시형이 3.5%, 연립주택 4.3%, 오피스텔은 4.7%의 금리가 적용된다.

청약에서는 무주택자로 인정하는 소형주택(전용 60㎡ 이하) 금액 기준도 완화했다. 수도권은 공시가격 1억3000만원에서 1억6000만원으로, 지방은 8000만원에서 1억원으로 상향했다. 무주택 기준은 그동안 민영주택 일반공급에만 적용됐지만, 앞으로는 민영주택 특별공급, 공공주택까지 확대됐다.

정부가 비아파트 시장 붕괴를 막기 위해 당근책을 내놨지만, 실수요자들은 시큰둥하

서울 여의도 63빌딩에서 바라본 오피스텔이 밀집한 빌딩 모습.

> 2023년 분양 물량이 급감했고 분양부터 입주까지 2~3년 정도가 소요된다는 점을 고려하면 2026년 입주 물량은 2만실 이내를 기록할 것으로 전망된다.

다. 비아파트를 중심으로 확산한 전세 사기 위험 때문에 실수요자들은 아파트 시장으로 고개를 돌리고 있다.

정부의 비아파트 시장 지원으로 오피스텔 수요 진작 효과는 미미할 것으로 예상된다. 높은 금리가 여전하고 공사비가 빠르게 오르는 등 건설사업 수익성을 담보하기 어려운 상황이다. 뚜렷한 경기 호전이 선행되어야 지원 정책에 따른 공급 확대 효과가 나타날 수 있단 얘기다.

찬밥 신세 된 오피스텔, 청약도 외면

청약시장에서도 오피스텔이 힘을 쓰지 못하는 것은 마찬가지다. 오피스텔 공급 물량이 줄어들면서 희소성은 커졌고 오피스텔 청약에선 통장 유무와 주택 소유 여부에 상관없이 청약을 할 수 있는데도 부진한 성적이 이어지고 있다. 집값 하락과 분양가 인상, 아파트 선호 현상이 맞물리면서다.

오피스텔 청약경쟁률은 2021년 26 대 1,

SECTION 3 — 부동산으로 돈 벌기 — 오피스텔

2023년 오피스텔 청약 성적

청약 시기	위치	오피스텔 명	공급 규모(단위 실)	청약 접수(단위 건)	평균경쟁률(단위 N:1)
1월	서울 광진구 구의동	구의역 에떼르넬 비욘드	75	36	0.5
1월	서울 구로구 가리봉동	가산 라티 포레스트	70	28	0.4
1월	서울 송파구 방이동	잠실 에떼르넬 비욘드	20	59	3
2월	서울 강동구 길동	강동역 SK Leaders VIEW	378	536	1.4
3월	경기 구리시 인창동	구리역 롯데캐슬 더 센트럴	235	7,802	33.2
4월	서울 금천구 시흥동	서울 우남 w컨템포287 오피스텔	14	13	0.9
4월	인천 중구 신흥동3가	인천 신흥동3가 숭의역 엘크루	161	3	0
5월	경기 부천시 소사본동	현대프라힐스 소사역 더프라임	8	48	6
5월	서울 강서구 염창동	염창동 에이치밸리움 2차	4	26	6.5
5월	서울 관악구 신림동	라파르 신림	15	21	1.4
5월	서울 구로구 가리봉동	가산디지털단지 라티 포레스트	50	81	1.6
5월	서울 은평구 불광동	빌리브 에이센트	410	540	1.3
5월	인천 미추홀구 주안동	인천 플랫폼시티	24	11	0.5
6월	부산 부산진구 부암동	해피투모로우쥬디원	49	4	0.1
7월	서울 용산구 한강로2가	용산 호반 써밋 에이디션	49	5,225	106.6
8월	경기 부천시 소사본동	현대 프라힐스 소사역 더프라임	4	30	7.5
9월	경기 부천시 소사본동	현대 프라힐스 소사역 더프라임	3	30	6
9월	인천 서구 청라동	청라시티타워역 월드메르디앙 레이크원	78	35	0.4
10월	서울 관악구 신림동	라파르 신림	15	21	0

자료 청약홈, 부동산 114 REPS ※2023. 10. 31. 조사 기준, 상기 내용은 변경될 수 있음

2022년 5.3 대 1, 2023년 7.7 대 1로, 2022년 이후 한 자릿수 성적을 유지했다. 전반적으로 부진했지만, 예외적으로 높은 경쟁률을 기록한 오피스텔도 있다. 서울 용산구 한강로2가 '용산호반써밋에이디션'의 평균 경쟁률은 106.6 대 1을 기록해 세 자릿수 경쟁률이 나왔다. 경기도 구리시 인창동 '구리역롯데캐슬더센트럴'도 33.2 대1로 두 자릿수 경쟁률을 기록했다.

이들 단지는 수도권, 교통 및 업무지구 접근성이 좋은 브랜드 오피스텔이라는 공통점이 있다. 이미 검증된 지역, 안정적인 임차 수요 확보에 무게중심을 둔 투자로 해석할 수 있다. 인프라가 조성되지 않은 신도시나 택지지구에서 공급되는 오피스텔은 상당 기간 고전을 겪을 가능성이 높겠지만 이와 반대되는 지역에선 여전히 수요가 많다는 의미다.

부동산 공인중개업소에 오피스텔 관련 안내문이 붙어있다.

오피스텔 저점 매수할 수 있는 시점, 장기적 관점에서 접근

오피스텔 투자를 앞두고 오피스텔이 어떤 자산인지 다시 한번 되짚고 넘어갈 필요가 있다. 오피스텔은 아파트에 비해 수요층이 두텁지 않고 경기 여건에 민감하게 움직이는 '수익형 부동산'이다. 내년에도 오피스텔 시장은 부진할 수 있다. 저성장, 전세 위험 등 시장 불확실성이 남아있기 때문이다.

그렇지만 기회는 있다. 부동산 경기 악화로 주택과 오피스텔 신규 물량이 급감하는 추세여서다. '희소성'이 있다는 얘기다. 자금력이 충분한 투자자라면 주거 선호도가 높고 주택 대기 수요가 풍부한 지역에 들어서는 오피스텔을 눈여겨볼 필요가 있다. 향후 공급 부족에 따른 가격 상승 여지가 있기 때문이다.

오피스텔 시장이 침체했다는 점을 충분히 활용할 필요가 있다. 시장 여건이 좋지 못한 만큼 가격 협상이 용이하고 유리한 조건으로 투자할 수 있어서다. 입주시기가 끝났지만, 분양 대금을 완납하지 못해 지연이자를 내는 수분양자들이 분양가 이하로 내놓는 '마이너스피' 매물 위주로 접근한다면 실투자금을 줄이면서 수익률을 끌어올리는 방안이 될 수 있다.

>
> 내년에도 오피스텔 시장은 부진할 수 있다. 저성장, 전세 위험 등 시장 불확실성이 남아있기 때문이다.
> 그렇지만 기회는 있다. 건설 부동산 경기 악화로 주택과 오피스텔 신규 물량이 급감하는 추세여서다.
>

주거용 오피스텔 주택 수 포함 여부

구분	
취득세	△
재산세	O
종합부동산세	O
아파트 청약	X

※오피스텔 취득 시 4.6% 단일세율 이후 주택 구입 시 주택 수에 포함.

SECTION 3 부동산으로 돈 벌기 상가

서울 성동구 왕십리 상가 앞에 임대 안내문이 붙어 있다.

2024 상가 투자
절호의 타이밍 될 수도

"2024년에 상가 투자한다고?" 새해를 맞으며 상가투자를 하려고 한다면 아마 주변에서 이와 같은 반응을 보일 것이다. 그도 그럴 것이 금리가 너무 올라 상가 투자에 매력을 느끼려야 느낄 수가 없는 때다. 시중에 나와 있는 상가매물의 월세 수익률은 연 4%를 전후하는데 대출 이자가 이를 상회하니 살만한 상가가 없는 것이다. 예를 들어 실투자 대비 월세 수익률은 예시 매매가 10억원, 보증금 1억원, 월세 300만원(연간 3600만원)이라고 보자. 이때 실투자금 (매매가 - 보증금 = 9억원) 대비 연간 월세 3600만원은 4%에 해당한다.

이를 좀 더 풀어서 이야기해 보자. 좀 전에 언급한 매매가 10억원짜리를 사며 5억원 정도 대출을 받는다면 어떻게 될까? 5억원에 대한 이자가 지금 시중금리로 5%는 될 것이다. 5억원에 대한 이자로 2500만원이 나간단 뜻이다. 그러면 연간 3600만원을 받아서 이자를 내고 나면 1100만원이 남는데 이런 상가를 누가 사려 하겠냐는 것이다. 10억원 매매를 위해 대출금 5억원, 보증금 1억원을 제한 4원억의 실투자금과 5000만원에 달할 취등록세와 법무사 비용을 감안하면 4억5000만원을 넣고 한 해에 1100만원이 남는 것이다. 이는 수익률이 연 2.44% 정도에 지나지 않는 금액이다. 재산세와 부동산을 관리하며 발생하는 비용, 그리고 공실에 대한 부담을 감안하였을 때 전혀 사고 싶지 않은 투자처다. 은행에 그냥 넣어만 두어도 이보다 높은 이자를 받을 수 있는 예금상품도 수두룩 할 테니 말이다.

2024 유망 상가투자처, 금리 주목해야

하지만 경제성장률 1%대인 대한민국에서 지금 같은 고금리 상황을 얼마나 유지할 수 있을까? 지금 우리의 고금리는 미국이 인플레이션을 잡기 위해 고금리 정책을 쓰자 우리의 달러가 빠져나가 외환시장 붕괴가 우려되어 덩달아(?) 올릴 수밖에 없는 금리라 할 수 있다. 미국이 금리를 내리는 시기가 되면 우리도 금리를 낮춰 갈 것이 거의 확실하다. 그래서 2024년 상가투자 유망처를 논하려면 이에 대한 언급을 먼저 하고 시작해야 한다.

아래 그림은 2023년 6월, 미국 중앙은행(Fed)의 FOMC(Federal Open Market Committee) 회의에서 18명의 위원들이 각자 생각한 장래 금리에 대한 전망치를 점도표로 나타낸 것이다. 애석하게도 2024년에도 금리를 별로 내릴 계획이 없어 보인다. 지금의 금리 수준을 더 높게 더 길게 가져가겠다는 파월의 발언과 일치하는 대목이다. 그래서 내년에 상가를 산다는 것은 금리가 떨어지기 전까지 '그리 재미가 없다'는 말이 된다.

그렇지만 한 가지 더 긴 안목으로 보자면 2024년은 상가투자의 절호의 기회가 될 수도 있다. 내년에 분명 상가를 찾는 이가 적을 테니 상가를 꼭 팔아야 하는 입장에선 비상구(exit)가 없을 수도 있다. 이런 상가들 중 올해나 내년보다 2025~2026년에 상권이 좋아질 것들을 선별해 투자하면 어떨까? 당장은 고금리로 수익이 별로 나지 않

> 미국이 금리를 내리는 시기가 되면 우리도 금리를 낮춰 갈 것이 거의 확실하다. 그래서 2024년 상가투자 유망처를 논하려면 이에 대한 언급을 먼저하고 시작해야 한다.

미국 중앙은행 위원들의 장래 금리 전망치

자료: 미국 중앙은행(Fed)

SECTION 3 — 부동산으로 돈 벌기 / 상가

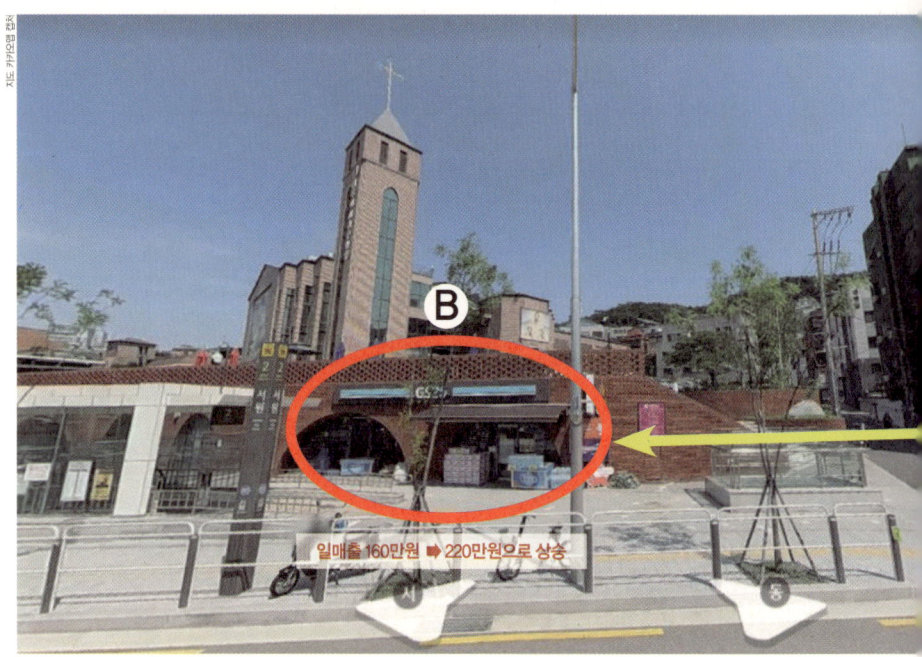

일 매출 160만원이었던 이 상점은 A에서 B로 위치를 이전한 덕에 일 매출이 220만원까지 상승했다.

> **"** 정비구역 내 상가 투자를 할 때는 정비 기본계획안을 보고 장래에 상권을 파악할 수 있어야 한다. **"**

는 상가이니 싼 금액에 매수를 할 수 있다. 장래에 금리도 떨어지고 호재도 실현될 수 있다. 꽤나 우량한 상가가 될 것을 미리 잡는 전략인 셈이다. 물론 매입 당시는 대출 이자를 내고 나면 실질적으로 손에 쥐는 월세 수입은 거의 없거나 정말로 하나도 없을 것이다. 그렇다면 상가 시장에는 어떤 호재가 있을까? 지금 당장엔 별 볼 일 없는 상가라도 장래엔 입지가 좋아져 장사가 잘된다면 그땐 월세도 올릴 수 있는 그런 상가 말이다. 첫 번째로 장래에 역이 개통하여 역세권 상가가 될 것을 꼽을 수 있다. 대개 역이 개통하면 그 일대 상권이 역세권이 되어 다 함께 좋아질 것으로 기대하는데, 역 개통으로 인해 좋아질 곳과 그렇지 않을 곳을 가려낼 안목은 필요하다. 이를 역 개통 예정지에 대입해 보는 연습이 필요하다.

또 하나는 정비구역이다. 오세훈 서울시장은 신속통합기획, 공공재개발 등의 사업을 통하여 많은 가구 수의 신축 아파트를 공급하겠다는 계획을 갖고 있다. 이렇게 되면 낡은 주택가의 허름한 상권이 새 아파트 단지의 상권이 된다. 거기다 신속통합과 공공재개발의 대부분은 가구수도 크게 늘어난다는 이점이 있다. 이런 정비구역 내 상가 투자를 할 때는 정비 기본계획안을 보고 장래에 상권을 파악할 수 있어야 한다.

지하철 개통으로 입지가 좋아진 입지 vs 별로 나아진 것이 없는 입지

서울시 내에서 역이 개통할 것이 있다면 이미 착공을 한 동북선이 대표적이다. 그렇다면 역개통을 앞두고 상가를 산다면 동북선이 착공한 역세권 주변에서 골라야 한다.

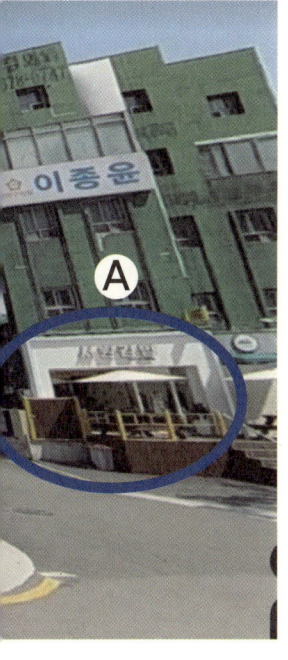

신림선 개통한 서원역 지도

이를 위해 '선배' 개통 노선인 신림선을 따라가며 공부해 보자.

위쪽 사진을 보자. 서원역이 개통하기 전까지는 저 지역에서 가장 동선이 활발한 곳은 노란색 동선으로 버스정류소 이용객 동선이 가장 유동인구가 많았을 것이다. 근처에 다른 위치에도 버스 정류소는 있지만 마을버스 1개만 정차하는 등 집객력이 별로 없어 보였으나 검정색 화살표 쪽의 버스 정류소는 10개의 노선이 정차하는 곳이었기 때문이다. 그럼 저 자리의 상가를 사면 어떻게 될까? 역 개통 전에도 우수한 입지 역할을 하던 곳이니 역 개통으로 역세권이 되고 나면 더 좋은 상가가 될 것인가? 그렇지 않다. 역이 개통하면 그 주변의 주택이나 토지의 가격은 올라가지만 상가는, 특히 상가 매출은 '역 출구와 배후수요 간의 주동선'에서만 올라간다.

지도를 유심히 들여다보면 2번 출구가 눈에 띈다. 대로변 상가가 밀집해 있을 곳에 버스 정류소와 조금 떨어진 곳에 있다. 이로 인해 파란색으로 표시한 주거지 거주민들은 동선이 지하철을 이용하며 빨간색 화살표처럼 이동한다. 이는 필자가 수년 전 강의에서 해당 지역 내 역세권 상가를 사야 할 곳은 빨간색 화살표가 가리키는 곳이라며 힘주어 말하던 곳이기도 하다.

현재의 이곳 로드뷰를 보면 편의점 GS25 서원성당점이 보인다. 위 사진을 보면 편의점이 역 앞 성당건물 1층에 위치해 있는 것으로 보이는데 원래는 파란색 원(A) 안에 있던 점포다. 역 개통 전까지 이 14평 남짓의 점포에서 발생하는 일 매출은 160만원 전후였다. 그런데 빨간색 원(B) 안으로 옮기

SECTION 3 ─── 부동산으로 돈 벌기 ·········· 상가

> 공공재개발은 재개발구역과 달리 조합설립을 위한 주민 동의서 징구가 따로 없이 사전단계에서 동의서 접수를 받으니 구역 지정단계가 재개발의 조합설립단계와 비슷하다.

고 역이 개통하면서 바로 다음달이 되니 일 매출은 220만원 수준으로 올라 왔다. 그야말로 수직상승을 한 것이다.

지금은 왜 성당 아래로 옮겼냐고? 매출이 높게 나오는데 매장의 면적이 적어 슈퍼형 편의점으로 변경하며 더 다양한 상품을 구비해 영업을 한 것이다. 이를 업계에선 리로케이션(re-location)이라고 한다. 매장의 매출이 올라와야 할 수 있는 전략인 것이다.

교통카드 빅데이터 통합정보 시스템의 자료에 따르면 해당 버스정류소의 교통카드 이용 객수는 무려 58%가 감소했다. 이 감소한 수가 모두 지하철로 향했을 것이며 그만큼 동선의 이동도 있었을 것으로 예상한다.

그렇다면 공사 중인 동북선에선 이런 곳이 어디일까?

아래 지도는 공사 중인 경전철 동북선의 북서울꿈의숲 옆 출구 예정지를 표시한 것 이다. 1번 출구는 북서울꿈의숲 쪽으로 향하는데 이쪽은 개인이 투자할 상가가 없으니 제외하자. 2번 출구는 위 그림과 같은 위치에 출구 방향이 검정색 선처럼 나올 것으로 예상한다. 그렇게 되면 북서울꿈의숲 앞 삼거리 일대 상권이 다 좋아지는 것은 아닐 것으로 전망한다. 파란색으로 표시한 출구 동편의 대부분의 상가들의 동선이 빨간색처럼 이동할 것으로 예상되기 때문이다. 단순히 역 근처 삼거리에 가까운 상가는 가격만 비싸지 역 개통으로 가격 상승을 기대하기엔 뒤쪽 빨간색 라인이 더 강할 것으로 예상된다.

오른쪽 페이지의 지도는 상계뉴타운을 표시한 것이다. 과거 박원순 시장 재임 시 상계5구역은 역세권 부지를 공원으로 기부채납을 요구하고 3구역은 조합원 간의 내부 사정으로 사업이 지지부진한 곳이었다. 이곳은 서울의 북쪽 끝자락으로 정비구역으로 지정된 이후 10년 이상 새 빌라 하나 짓지 않고 지나온 곳이다. 그러니 동네가 어떻겠나? 노후돼도 너무 심하게 노후된 곳이다.

그러니 거주민들의 소득 수준도 대부분 서울시 평균보다 현저하게 낮을 것으로 예상된다. 즉, 지역 거주자들의 소득 수준이 낮으니 이로 인한 구매력은 낮을 수밖에 없다. (이를 지역 폄하 또는 소득이 낮은 사람들에 대한 폄하로 받아들이지 않길 바란다. 소득 수준이 높은 곳이 웬만한 업종에선 장사가 더 잘되는 것이 현실 아닌가.) 거기다 정비사업이 이뤄지기엔 가구 수도 많지 않을 것이다.

경전철 동북선 북서울꿈의숲 옆 출구 예정지

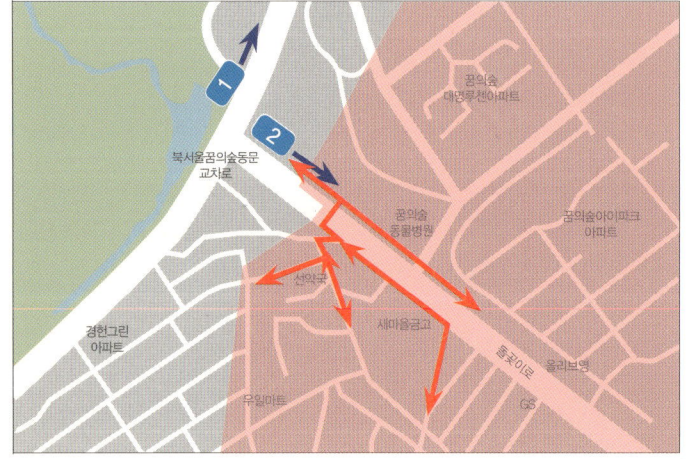

그런데 5구역은 일부 면적을 확대해 사업을 재추진하는 것으로 가닥을 잡고 있다. 정비구역 변경안이 곧 상정되고 그에 맞춰 관리처분이 이뤄질 것으로 기대하고 있다. 지도상 색을 달리한 상계3구역이 이 지역의 하이라이트이다. 정비구역으로 지정되고도 사업을 못해 해제되었던 곳으로 미루어 다른 구역보다 사업성이 좋지 않았던 것으로 예상할 수 있다.

그런데 이곳이 공공재개발구역으로 선정이 되었고 지난 10월 24일 공공재개발 사전기획(안)에 대한 제3차 주민설명회가 있었다. 당시 설명회 자료에 따르면 전체 종전 가구수(조합원 수)가 약 1400가구인 이곳이 장래에 2377가구로 늘어날 것으로 계획하고 있었다. 즉, 낡은 주택가에서 새 아파트 지역으로 변모하는 것도 반가운데 가구 수가 크게 늘어나는 것이다.

재밌는 점은 이렇게 되니 기존의 상가들이 대거 사라질 것으로 보인다는 것이다. 정비사업을 통해 단지 내 상가, 또는 스트리트형 상가(연도형 상가)가 당연히 들어서겠지만 이웃 정비구역 세대원들을 모두 아우르는 상가는 부족하게 될 것이다.

지도를 다시 세심히 들여다보면 상가 중 정비구역 그 어느 곳에도 들지 않고 빠져있는 곳이 있다. 파란색 점선으로 표시를 한 곳인데 이곳은 섬처럼 남아 모든 정비구역에서 제외된 것이다. 장래, 아주 멀리 정비사업이 다 끝났을 때 상권이 무척이나 좋아질 것으로 예상된다. 그렇다면 가격도 그때 가서 올라갈까? 그렇진 않을 것이다. 당장 좁은 길을 하나 두고 건너편에 있는 상

상계 뉴타운 구역과 공급 예정 가구 수

※가구 수는 조합의 사업 계획에 따라 조금씩 변경될 수 있음

계3구역 공공재개발이 2024년엔 입안 제안 동의서를 접수받고 여름 무렵엔 정비구역 지정을 계획하고 있다.

공공재개발은 재개발구역과 달리 조합설립을 위한 주민 동의서 징구가 따로 없이 사전단계에서 동의서 접수를 받으니 구역 지정단계가 재개발의 조합설립단계와 비슷하다.

즉 구역지정 후 사업시행인가와 관리처분을 앞둔 단계로 속도가 빠르단 의미이다. 그러니 금리가 떨어질 2026년 무렵엔 이 구역의 정비사업에 대한 기대감이 상당히 커져 있을 것으로 내다본다. 물론 앞서 간 상계1구역을 포함한 다른 구역은 착공을 한 곳이 생겨날 것이고, 그때쯤이면 장래가치를 보고 상가 가격이 오름세를 타지 않을까?

by_김종율 아카데미 대표

재건축이 확정된 서울 노원구 상계동 상계주공1단지.

용어설명

스트리트형 상가

길을 따라 일정한 테마를 갖추고 조성되어 있는 상가.

SECTION 3 — 부동산으로 돈 벌기 — GTX 등 광역교통망

동탄 아파트 20억 돌파 GTX 조기 개통되면 더 뛸까

내년 부동산 시장에서 철도에 대한 기대감이 그 어느 때보다도 커졌다. 윤석열 대통령을 비롯해 정부가 적극적으로 나서면서 '조기개통'과 '편의성'을 약속했기 때문이다. 국토교통부는 국정과제로 수도권 30분대 출퇴근 실현, 지방 광역권 1시간 생활권 조성, 교통비 부담 완화를 추진하고 있다.

내년 3월 말 GTX-A 수서~동탄 조기개통 등 본격 GTX 시대 개막

가장 주목을 끄는 소식은 수도권광역급행철도(GTX)-A 노선이 내년 3월 말 수서~동탄 구간부터 조기 개통한다는 점이다. 이미 경기도 화성시 동탄신도시를 비롯해 A노선 부근의 집값이 들썩였던 터다. 조기 개통 소식은 주변 부동산 시장을 다시금 흔들고 있다.

수도권에서는 새로운 철도 소식들도 있다. 정부는 A·B·C노선 연장안 및 D·E·F노선 신설안을 올해 말 발표할 예정이다. 서울지하철 8호선 별내 연장(2024년), 신안산선(2025년), 서울 7호선 옥정 연장(2026년, 이상 개통 시점 기준) 등 3개 사업이 순차적으로 완료될 예정이다.

새로 공사에 들어가는 광역철도 사업도 다수 있다. 신분당선 광교~호매실(2024년), 서울 7호선 포천 연장(2024년), 대장홍대선(2025년), 고양 은평선(2025년), 서울 9호선 강동·하남·남양주 연장(2025년), 서울 3호선 하남 연장(2026년, 이상 착공 시점 기준) 등도 있다. 여기에 위례과천선, 제2경인선 및 신구로선, 신안산선 서울역 연장 등 신규사업도 민자 방식으로 추진할 계획이다. 광역버스와 간선버스급행체계(BRT) 확충으로 철도 사각지대를 줄이고 신도시의 이동 편의성도 개선할 방침이다.

광역철도망을 중심으로 지방 광역권 1시간 생활 조성

내년 대구에서 지방 첫 광역철도를 개통하는 등 지방광역권 1시간 생활권 실현을 위한 주요 광역철도망 구축도 속도를 낸다. 대구

광역 철도 이동 시간 단축 효과

노선명	이동 시간 단축 효과	노선명	이동 시간 단축 효과
GTX-A	(동탄~수서) 기존 79분 → 19분 (운정~서울역) 기존 54분 → 20분	신안산선 (안산·시흥~여의도)	(한양대~여의도) 기존 100분 → 25분
GTX-B	(인천대~서울역) 기존 120분 → 29분 (마석~서울역) 기존 70분 → 28분	별내선 (8호선 연장, 암사역~별내역)	(별내~잠실) 기존 45분 → 27분
GTX-C	GTX-C (덕정~삼성) 기존 80분 → 29분 (수원~삼성) 기존 60분 → 28분	도봉산~포천 1단계 (7호선 연장, 도봉산~옥정)	(양주~서울 북부) 기존 60분 → 40분

자료: 국토교통부

권 1단계(구미~경산), 태화강~송정, 충청권 1단계(계룡~신탄진) 광역철도 등 현재 진행 중인 사업은 적기에 개통되도록 추진한다. 5개 선도사업으로 부산~양산~울산, 광주~나주, 대전~세종~충북, 용문~홍천, 대구~경북 등 지방권역별로 1개 사업을 선정해 2026년까지 예비타당성조사(예타)를 완료할 계획이다.

GTX 개통이 주목받는 이유는 역주변의 집값이 상승해서다. 개통이 가장 임박한 A노선의 종착역인 '동탄역'과 '운정역'이 대표적이다. 주변 집값은 지역 최고치까지 치솟고 분양도 활기를 나타내고 있다. A노선 역 중에서 서울과 가까운 역 주변의 집값은 큰 변화가 없다.

그러나 그동안 서울에 닿기 어려웠던 동탄이나 운정은 소요시간이 부쩍 줄어든다는 기대감이 작용해 집값은 더 예민하게 반응하고 있다. 개통이 완료되면 동탄역에서 수서역까지 19분이면 도착할 수 있고, 운정역에서 서울역까지는 20분 정도 걸린다. 더군다나 화성 동탄신도시와 파주 운정신도시는 2기 신도시로 분양가 상한제가 적용되는 지역이다. 신도시 특유의 쾌적하고 깨끗한 환경 등을 갖추고 있다보니 수요자들의 선호도가 높은 것도 집값이 오른 이유다.

국토교통부 실거래가공개시스템에 따르면 경기도 화성시 동탄신도시에서 20억원대 아파트 거래가 2건 체결됐다. 오산동 '동탄역롯데캐슬' 전용면적 102㎡가 지난 9월 21억원, '동탄린스트라우스더레이크' 전용 116㎡가 10월 20억원에 팔렸다. 청약 경쟁률에서는 동탄2신도시의 '동탄레이크파크 자연& e편한세상'의 1순위에 13만 명이 넘

GTX 개통이 주목받는 이유는 역주변의 집값이 상승해서다. 개통이 가장 임박한 A노선의 종착역인 '동탄역'과 '운정역'이 대표적이다.

SECTION 3

부동산으로 돈 벌기 · · · · · · · · · GTX 등 광역교통망

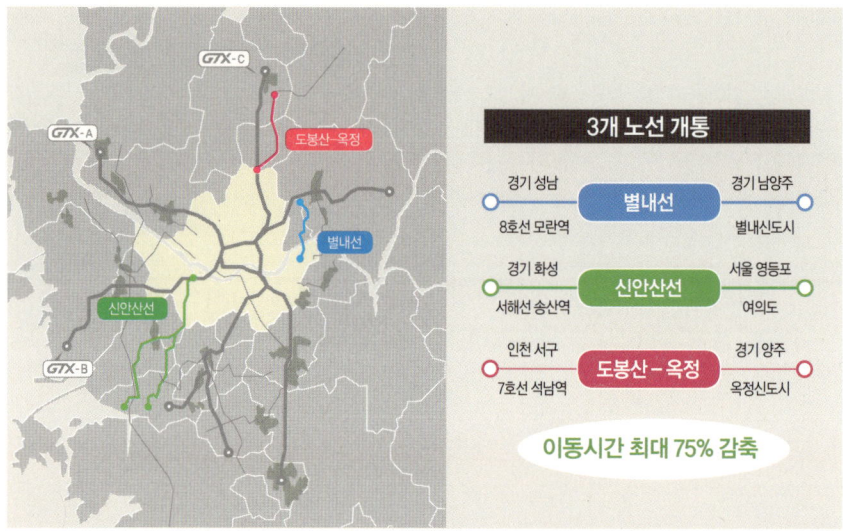

용어 설명

예비타당성조사

사회간접자본(SOC), R&D, 정보화 등 대규모 재정 투입이 예상되는 신규 사업에 대해 경제성, 재원조달 방법 등을 검토해 사업성을 판단하는 절차다. 선심성 사업으로 인한 세금 낭비를 막기 위해 1999년 도입했다.

타당성조사가 주로 기술적 타당성을 검토하는 반면, 예비타당성조사는 경제적 타당성을 주된 조사대상으로 삼는다.

게 몰렸다.

파주시 당패동 '한울마을1단지 운정신도시아이파크'의 전용면적 84㎡는 8억원 가까이에 거래가 이뤄지고 있다. 연초보다 1억원가량 오른 수준이다. 목동동 '운정신도시 센트럴푸르지오'의 같은 면적도 연초보다 5000만~1억원 오른 가격에 손이 바뀌고 있다. 2021년 파주시의 1순위 청약 평균 경쟁률은 25 대 1, 2022년은 10 대 1로 조사됐지만, 올해 들어서는 45 대 1로 훌쩍 뛰었다.

물론 GTX 개통으로 인한 기대감은 이미 집값에 반영됐다는 의견도 있다. 2019년 이후 아파트 가격 상승분에 이미 반영됐다는 것이다. 따라서 실수요가 아니라면 매수에 신중해야 한다는 전문가들의 의견도 있다.

GTX는 수도권의 만성적인 교통난과 출퇴근 불편을 해소하기 위해 도입 추진됐다. 이제야 개통을 앞두고 있지만 얘기가 나온 건 2009년 4월이다. 당시 경기도와 대한교통학회는 광역급행철도 3개 노선 추진을 국토교통부에 제안했다. 국토부는 2011년 4월 제2차 국가철도망 구축계획(2011~2020)에 GTX 3개 노선(일산~동탄, 송도~청량리, 의정부~금정)을 신규 추진 사업으로 반영했다. 2011년 12월 GTX 3개 노선의 예비타당성조사를 착수했다.

2013년 2월 국정과제에 GTX 추진을 반영했다. 같은 해 4월 국토부는 철도산업위원회 심의·의결을 통해 수도권 고속철도와 동시 시공이 필요한 A노선 삼성~동탄 구간을 예비타당성조사 대상에서 분리하고 재정사업 추진을 결정했다. 2014년 2월 예비타당성조사 결과, 사업 우선순위가 높은 A노선부터 즉시 추진하기로 결정했다. B노선과 C노선은 사업 재기획을 통해 각각 2019년 8월, 2018년 12월에 예비타당성조사를 통과했다.

*by_* 김하나 한경닷컴 기자

내년 대중교통 할인 'K-PASS' 도입
(K-패스)

현행 대중교통비 지원 대책인 '알뜰교통카드'가 내년에 'K-PASS(패스)'로 개편된다. K-패스는 지하철·버스 등 대중교통 이용 횟수에 비례해 요금을 환급해주는 통합권이다. 2019년 도입된 알뜰교통카드를 보완하고 혜택을 확대하게 된다.

K-패스는 기존 알뜰교통카드와 달리 별도 앱을 깔 필요가 없고, 이동 거리에 상관없이 21회 이상 대중교통을 이용하면 횟수별로 정해진 할인율만큼 지원을 받는다. 적립 한도는 적어도 60회 이상으로 설정하기로 했다. 이동 거리에 따른 할인이 사라지고 대중교통 이용 횟수에 비례한 요금 할인이 적용된다.

할인방식은 정액에서 정률제로 바뀌었고, 할인율도 인상됐다.

최소 대중교통 이용 횟수를 기존 15회에서 21회로 상향했다. 저소득층은 53% 할인으로 연간 57만6000원의 혜택을 받게 된다. 청년은 30% 할인받아 연간 32만4000원을, 일반인은 20% 할인받아 연간 21만6000원을 절약할 수 있다. 알뜰교통카드와 비교했을 때는 1년에 3만6000~7만2000원 정도 추가로 할인받는 셈이다.

정부는 K-패스를 전국 기반으로 특히 청년과 서민들을 상대로 확대하고 발전시킬 예정이다. 수도권 광역교통망 활성화를 위해 GTX도 혜택 대상에 포함되도록 하는 방안을 검토 중이다. 또한 K-패스의 정기권 확대 방안도 검토하고 있다. 통근·통학하는 국민들을 중심으로 정기권 수요가 많다는 점을 감안한 것이다. 그러나 장거리 이용객이 많다 보면 재정 부담이 커질 수 있다보니 지방자치단체들과 협력을 모색할 예정이다. 정부는 177만 명이 K-패스를 이용할 것으로 보고 예산으로 516억원을 책정했다.

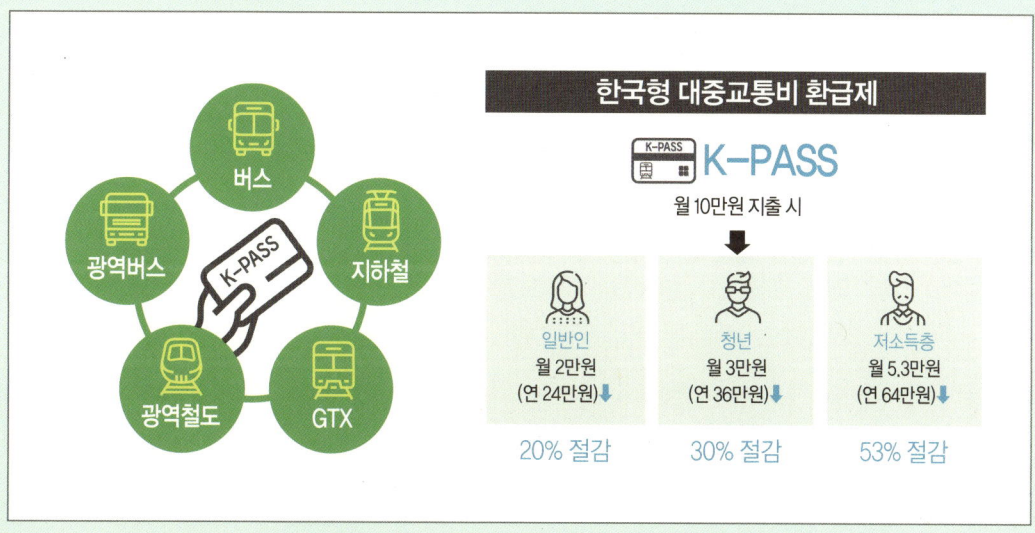

절세부터 노후까지

부동산, 투자처를 정한 후 돈만 입금한다고 끝이 아니다. 취득세부터 인지세, 종합부동산세, 만약 다른 사람에게 넘길 경우 발생하는 양도세까지 챙겨야 할 세금도 여럿이다. 게다가 자녀에게 상속이나 증여를 계획한다면 공부해야 할 세금은 또 추가된다.
모르고 있으면 봉변 당하기 쉬운 부동산 세금 종류와 상속·증여 시 이득보는 방법, 실버타운 등 노인주거시설이 부동산 시장에 미치는 영향과 해외 부동산 시장까지 두루두루 넓게 살펴보는 부동산 시장 이야기를 담았다.

SECTION 4

알아두면 쓸모 있는 부동산 용어!

베란다 vs 발코니 vs 테라스

베란다

일반적인 2층 주택의 경우 위층이 아래층보다 작다. 이때 아래층과의 면적 차이로 생긴 부분을 난간으로 막은 게 베란다이다.
우리나라 건축법상 베란다라는 말은 없으며, 우리가 흔히 부르는 아파트 베란다는 발코니가 맞는 표현이다.
더 쉽게 구분하자면 아래층과 위층의 면적 차이가 있으면 베란다고, 없으면 발코니다.

발코니

건물 외부에 거실이나 부엌에 연장해서 만든 공간을 말한다. 지붕 없이 난간이 설치된다.
한국에서는 발코니보다 좀 길고 지붕으로 덮여 있는 공간을 베란다로 통칭해왔지만, 건축법에서는 '거실을 연장하기 위해 밖으로 돌출시켜 만든 공간'을 발코니라고 한다.
따라서 아파트 거실에 붙은 외부 공간은 발코니다. '베란다 확장'이라는 말도 이젠 '발코니 확장'으로 바뀌었다.

테라스

건물 1층의 외부를 전용 정원으로 활용하는 공간이다. 실내 생활을 옥외로 연장해 의자나 테이블 등을 놓고 휴식 공간으로 활용한다.
가끔 원룸이나 빌라 등에서 테라스가 있다고 표현하는 경우가 있는데, 이는 잘못된 표현으로 정확한 명칭은 베란다다.

SECTION 4

절세부터 노후까지 · 부동산 절세 A to Z

*by_*이승현
진진세무회계법인 대표

Profile
- 고려대학교 경영학과 졸업
- 건국대학교 부동산대학원 졸업
- 부동산절세연구소 소장
- (前)삼일회계법인 근무

2022년 종합부동산세 분납 신청자가 7만 명에 달하는 것으로 파악된 가운데, 서울 시내 한 세무서에 종부세 분납신청 관련 안내문이 붙어있다.

세금 폭탄 피하려면 꼭! 알아야 할 부동산 절세법

한국은 부동산 사랑이 유별난 나라다. 2021년 발표된 가계금융복지조사에 따르면 우리나라 가구의 전체 자산 중 부동산이 73%를 차지한다. 이 부동산 중 62.3%는 살고 있는 거주 주택이다. 대다수의 한국인은 살고 있는 집 한 채가 가진 재산의 대부분인 셈이다. 이렇게 중요한 집을 사고팔기 전에 반드시 알아야 할 것이 있으니 바로 '주택 관련 세금'이다.

주택 세금에는 세금을 면제해 주는 비과세 규정도 있고, 무거운 세금을 물리는 중과세 규정도 있다. 미리 계획하면 세금을 전혀 안 낼 수도 있지만, 실수로 거액의 세금과 가산세까지 추징당할 수도 있다는 얘기다. 세금은 몰랐다는 말이 통하지 않는다. 집을 사고팔기 전 반드시 알아야 할 절세법에 대해 알아보자.

1주택 양도세 비과세는 거주요건 여부를 꼭 체크해야!

현행 세법은 1가구 1주택자가 2년 이상 보유한 12억원 이하의 집을 팔 때는 양도소득세를 전액 비과세한다. 다만, 2017년 8월 3일 이후에 조정대상지역에서 주택을 취득하면 2년 이상 거주해야 비과세가 가능하다. 1주택자가 양도소득세를 내고 나면 동일한 가격대의 집을 살 수 없으므로, 거주 이전의 자유를 보장하기 위해서다. 하지만 비과세는 세금혜택이 큰 만큼 요건을 꼼꼼히 따져야 한다.

특히 비과세 요건 중에 거주요건이 있는지 판단하는 것이 중요하다. 조정대상지역 상태에서 주택을 취득했다면 이후에 조정대상지역이 해제된 다음 매도하더라도 2년 이상 거주해야 비과세가 가능하다. 반면, 조정대상지역 지정 후에 주택을 취득했더라도 조정대상지역 지정 전에 전 가구원이 무주택인 상태에서 주택의 매수계약을 체결한 경우에는 예외적으로 거주요건이 없다. 이 예외규정은 분양권과 조합원입주권으로 취득한 주택에도 적용된다. 분양권으로 취득하는 주택의 취득일은 분양대금완납일이며, 조합원입주권으로 취득하는 주택의 취득일은 준공일(사용 승인일)이다.

따라서 원칙적으로 조정대상지역 지정 전에 분양권이나 조합원입주권을 취득했더라도 분양대금완납일 또는 준공일에 해당 주택 소재지가 조정대상지역인 경우에는 거주요건이 있지만, 분양권이나 조합원입주권 취득 당시 전 가구원이 무주택자였다면 예외적으로 거주요건이 없다.

거주요건 채우기 어렵다면 상생임대주택을 활용하자!

임대차 시장이 불안해지자 정부는 직전 임대차계약 대비 임대료를 5% 이내로 인상한 상생임대인에게는 1가구 1주택 양도세 비과세를 위한 거주요건을 면제해 주기로 했다. 조정대상지역 주택을 취득하고 거주하지 못한 임대인들은 비과세를 받지 못하지만, 상생임대인 규정을 활용하면 거주하지 않고 임대만 해도 비과세를 받을 수 있다.

주택 관련 세금 종류
- 취득세
- 재산세
- 종합부동산세
- 양도소득세
- 상속증여세
- 부가가치세

상생임대인 지원 제도 개선(안)

구분		현행	개선
상생임대인 개념		직전계약 대비 임대료를 5% 이내 인상한 신규(갱신) 계약 체결 임대인	좌동
상생임대주택 인정 요건		임대 개시 시점 1가구 1주택자 + 9억원(기준시가) 이하 주택	폐지 ※임대 개시 시점에 다주택자이나 향후 1주택자 전환 계획이 있는 임대인에게도 혜택 적용
혜택	비과세	조정 대상 지역 1가구 1주택 양도세 비과세 2년 거주 요건 중 1년 인정	조정대상지역 1가구 1주택 양도세 비과세 2년 거주 요건 면제
	장특공제	없음	1가구 1주택 장기보유특별공제 적용 위한 2년 거주 요건 면제
적용 기한		2022년 12월 31일	2024년 12월 31일(2년 연장)

자료 국토교통부

비과세는 세금혜택이 큰 만큼 요건을 꼼꼼히 따져야 한다. 특히 비과세 요건 중에 거주요건이 있는지 판단하는 것이 중요하다.

SECTION 4

절세부터 노후까지 　　부동산 절세 A to Z

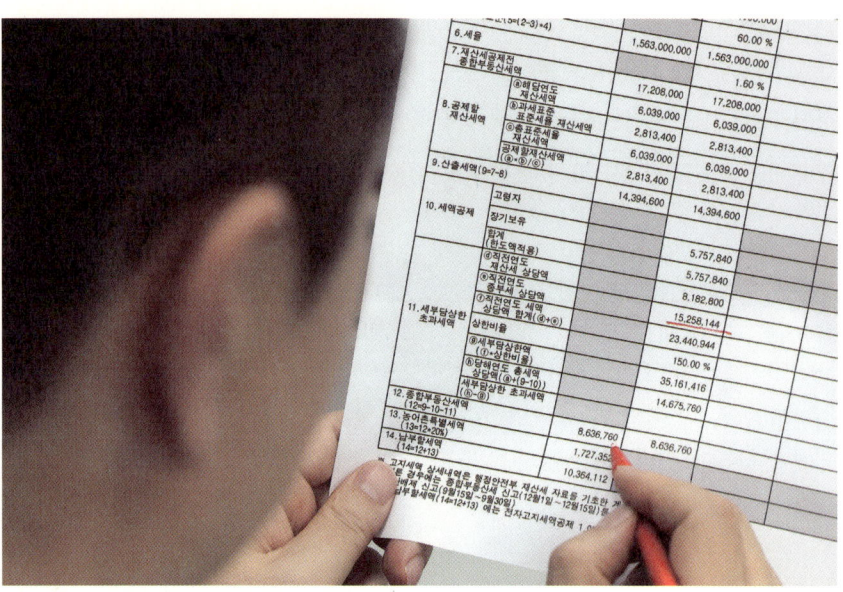
종부세 납부 대상자가 국세청 홈택스 홈페이지에서 출력한 종부세 고지 내역.

[용어설명]

장기보유특별공제

자산의 보유기간이 3년 이상인 장기보유자산에 대해 그 양도소득금액을 산정할 때에 일정액을 공제해 주는 세제상의 장치.

게다가 상생임대주택은 장기보유특별공제도 더 받을 수 있다. 1가구 1주택자라도 12억원이 넘는 고가주택을 양도하면 12억원 초과분 양도차익에 대해 양도세를 내야 한다. 이때 3년 이상 보유하면 장기보유특별공제가 적용되는데, 2년 미만 거주한 주택은 보유기간 1년당 2%p씩 최대 30%의 일반공제율이 적용된다. 반면 2년 이상 거주한 경우에는 보유기간과 거주기간 1년 당 각각 4%p씩 공제하는 특례공제율이 적용된다. 상생임대인은 거주하지 않아도 특례공제율을 적용받는다. 따라서 1가구 1주택자가 거주하지 않고 5년간 보유한 집을 파는 경우 장기보유특별공제율은 연간 2%p씩 총 10%가 적용된다. 하지만 상생임대주택은 보유기간 1년당 4%p씩 총 20%의 공제율을 적용받을 수 있다.

또한 장기임대주택 외에 1주택을 팔 때도 상생임대주택은 거주요건 없이 비과세가 가능하다. 등록임대사업자가 장기임대주택 외의 거주주택을 양도하는 경우 평생 1회에 한해 장기임대주택을 주택수에서 제외해서 1가구 1주택 비과세를 적용받을 수 있다. 이때 양도하는 거주주택은 2년 이상 거주한 주택만 비과세가 가능한데, 상생임대주택은 거주하지 않아도 2년 이상 거주한 것으로 보아 비과세 혜택을 받을 수 있다. 그렇다면 상생임대주택으로 인정받으려면 어떻게 해야 할까?

첫째, 임대인 본인이 체결한 직전 임대차계약이 존재하고, 직전계약이 1년 6개월 이상 유지되었어야 한다. 만약 직전계약이 주택을 매수하면서 승계받은 임대차계약이거나, 직전임대차계약에 따라 임대한 기간이 1년 6개월 미만인 경우에는 신규계약을 5% 이내로 인상해도 상생임대주택 혜택을 받을 수 없다.

둘째, 2021년 12월 20일부터 2024년 12월 31일까지의 기간 중에 임대료를 5% 이내로 인상하는 신규임대차계약을 체결해야 한다. 이때 계약금을 실제로 지급받은 사실이 확인돼야 한다. 직전계약과 신규계약의 임차인은 달라도 무방하지만 신규계약은 최소 2년간 유지돼야 한다. 한편 직전 임대차계약과 신규 임대차계약 사이에 직접 거주하거나 공실로 인한 시간적 공백이 있더라도 상생임대차계약으로 인정된다.

셋째, 등록임대사업자, 계약갱신청구권 행사, 다주택자의 경우에도 상생임대인 혜택이 가능하다. 임대의무기간 동안 임대료 인상제한을 받는 등록임대사업자와 계약갱신청구권 행사에 따른 계약도 상생임대인 혜택을 받을 수 있다. 다주택자도 다른 주택을 모두 양도하고 상생임대한 주택을 최종적으로 양도하는 경우에 비과세 거주요건을 면제받을 수 있다.

일시적 2주택자도 3년 안에만 팔면 비과세 가능

이사 등의 사유로 일시적 2주택이 된 경우에 새집을 사고 3년 이내에 종전주택을 팔면 양도소득세 비과세가 가능하다. 이를 일시적 2주택 비과세라고 한다. 일시적 2주택 비과세를 적용받기 위해서는 세 가지 요건을 갖춰야 한다.

첫째, 종전주택 취득일로부터 1년 이상 경과한 뒤에 신규주택을 취득해야 한다.

둘째, 종전주택은 2년 이상 보유 및 거주(거주요건은 취득 시 조정대상지역에 소재한 주택에 한함)하고 양도해야 한다.

셋째, 신규주택 취득 후 3년 이내에 종전주택을 양도해야 한다. 과거에는 조정대상지역 내의 일시적 2주택자는 신규주택 취득 후 1년 또는 2년 내에 종전주택을 팔아야 비과세를 받을 수 있었으나, 2023년 1월 12일 이후 양도분부터는 주택 소재지역에 상관없이 3년 안에만 종전주택을 팔면 비과세가 가능하도록 개정됐다.

분양권이 포함된 일시적 2주택자, 분양권 취득시기에 따라 비과세요건 달라

분양권이 포함된 일시적 2주택자는 분양권의 취득시기에 따라 전혀 다른 비과세 규정이 적용되므로 주의해야 한다. 양도소득세 비과세 판단 시에 2020년 이전에 취득한 분양권은 주택수에 포함되지 않지만, 2021년 이후 취득한 분양권은 주택수에 포함된다. 따라서 1주택 보유자가 추가로 2020년 12월 31일 이전에 분양권을 취득했다면 분양대금 완납일을 기준으로 새로운 주택을 취득한 것으로 보아 비과세 요건을 판단하면 된다. 하지만 1주택 보유자가 추가로 2021년 1월 1일 이후에 분양권을 취득했다면 일시적 2주택 비과세 규정은 적용되지 않는다. 소득세법 시행령 156조의 3에 따라 다음과 같이 두 가지 분양권 비과세 특례규정이 적용된다.

첫째, 종전의 주택을 취득하고 1년 이상 지난 후에 분양권을 취득하고, 분양권을 취득한 날부터 3년 이내에 종전의 주택을 양도하면 비과세된다. 물론 양도하는 종전주택은 1가구 1주택 비과세 요건인 2년 이상

> 이사 등의 사유로 일시적 2주택이 된 경우에 새집을 사고 3년 이내에 종전주택을 팔면 양도소득세 비과세가 가능하다.

서울 송파구의 한 부동산중개업소에 다주택자 세무상담 안내문이 붙어 있다. 정부는 2022년 12월 21일 다주택자를 대상으로 한 최고 12% 세율의 취득세 중과(重課)를 완화하고, 2023년 5월로 끝나는 양도소득세 중과 배제도 1년 더 연장하는 내용의 '2023년 경제정책방향'을 발표했다.

주택이 완성된 후 2년 이내에만 양도하면 된다. 단 2022년 2월 15일 이후 분양권을 신규로 취득하는 경우에는 종전주택을 취득하고 1년이 경과한 뒤 분양권을 취득해야 비과세된다.

양도세 중과세는 2024년 5월 9일까지 한시적 유예 적용

다주택자가 조정대상지역의 주택을 양도하면 2주택자는 양도소득세 일반세율에 20%p, 3주택 이상자는 30%p를 가산한 중과세율이 적용된다. 양도세 중과세는 윤석열 정부가 들어선 2022년 5월 9일부터 1년간 적용이 유예됐다가 2024년 5월 9일까지 1년간 유예가 연장됐다. 하지만 중과세 유예가 종료될 경우 조정대상지역(서울 서초, 강남, 송파, 용산)에 주택을 보유한 다주택자들은 세금이 크게 늘어날 수 있어 중과세 유예 연장 여부에 주의해서 매도계획을 세워야 한다.

보유 및 거주기간(조정대상지역 취득 주택에 한함) 요건은 갖추어야 한다.

둘째, 1주택자가 분양권을 취득하고 3년이 지난 이후에 종전주택을 양도하는 경우로서 분양권으로 취득하는 주택이 완성된 후 2년 이내에 신축주택으로 가구전원이 이사하고 1년 이상 계속 거주하면 비과세가 가능하다. 이때도 종전주택은 1가구 1주택 비과세 요건은 갖추어야 하고, 신축

다주택자와 법인은 취득세가 1주택자의 12배

정부는 2020년 7·10대책으로 다주택자와 법인의 주택 취득세율을 대폭 인상했다. 다주택자와 법인의 주택 투기수요를 차단하기 위해서다. 이에 따라 2020년 8월 12일부터 취득지역과 가구별 보유주택 수에 따라 주택 취득세율을 차등 적용하고 있다. 서울 서초, 강남, 송파, 용산이 포함된 조정대상지역에서 주택을 취득할 경우 1주택은 1~3%, 2주택은 8%, 3주택부터는 12%의 취득세를 내야 한다.

다주택자 및 법인 취득세율 변경 내용

구분		지역	지역
개인	1주택	주택 가액에 따라 1~3%	주택 가액에 따라 1~3%
	2주택	주택 가액에 따라 1~3%	8%
	3주택		12%
	4주택	4%	12%
법인		주택 가액에 따라 1~3%	

자료 행정안전부

반면 비조정대상지역에서는 2주택자까지는 1~3%의 일반세율이 적용되고 3주택은 8%, 4주택부터 12%의 취득세율이 적용된다. 따라서 1주택자가 추가로 집을 사는 경우 조정대상지역은 8%의 무거운 취득세를 내야 하지만, 비조정대상지역이라면 두 채까지는 취득세가 중과세되지 않는다. 한편 1주택자가 조정대상지역에서 추가로 주택을 취득하더라도 3년 이내에 종전주택을 매도하면 신규주택에 대한 취득세를 중과세하지 않는다.

취득세에서 주택수를 잘못 알아 무거운 세금을 내는 경우도 있다. 취득세에서는 주택의 부수토지도 주택수에 포함된다. 따라서 주택부수토지의 일부 지분만 있더라도 다른 주택을 취득할 때 취득세가 중과세된다. 가령 무주택자가 시골에 있는 부모 주택의 토지지분 일부를 증여받았다면, 이후 조정대상지역 주택을 취득할 때 8%의 취득세를 내야 한다.

다행히 2023년 3월 14일 이후부터는 시가표준액이 1억원 이하인 부속토지만 소유한 경우에는 주택수에서 제외토록 규정이 변경됐다. 이 점은 여전히 주의해야 할 부분이다. 또한 2020년 8월 12일 이후에 취득한 입주권·분양권·오피스텔도 취득세 계산시 주택수에 포함된다. 따라서 2020년 8월 12일 이후 취득한 입주권·분양권·오피스텔을 보유 중이라면 다른 주택을 살 때 취득세가 중과세될 수 있다. 다만 2020년 8월 11일 이전에 매매계약(오피스텔 분양계약 포함)을 체결한 경우는 주택수에 포함하지 않고, 업무용으로 재산세를 내는 오피스텔도 주택수에 포함되지 않는다.

> **용어설명**
> ### 조정대상지역
> 정부가 부동산시장 과열을 막기 위해 주택법에 근거해 지정하는 지역이다. 주택가격 상승률이 물가상승률의 2배 이상이거나 청약경쟁률이 5대 1 이상인 지역 등이 대상이다. 청약조정대상지역으로 지정되면 대출시 LTV 60%, DTI 50%의 규제를 받는다.

무순위 청약의 무주택·거주지 요건이 2023년 2월 28일 폐지되면서 전국의 다주택자도 소위 '줍줍'이 가능해졌다. 사진은 무순위 청약 완판을 기록한 서울 둔촌 주공아파트 재건축 현장.

> 66
> 취득세에서는 주택의 부수토지도 주택수에 포함된다. 따라서 주택부수토지의 일부 지분만 있더라도 다른 주택을 취득할 때 취득세가 중과세된다.
> 99

SECTION 4

절세부터 노후까지 — 부동산 절세 A to Z

> 생애 최초로 12억원 이하의 주택을 구입하면 2025년 말까지 취득세를 최대 200만원까지 감면해 준다.

분양받은 주택의 취득세, 분양권 취득 시 주택수에 따라 결정

분양권 자체는 취득세가 없다. 따라서 분양권을 취득할 때는 취득세를 납부하지 않고, 분양권이 향후 아파트가 준공돼 잔금을 완납할 때 비로소 주택에 대한 취득세를 납부하게 된다. 이 때문에 분양권을 취득할 때는 취득세에 대해 크게 생각하지 않는 경우가 많다. 하지만 2020년 8월 12일 이후 분양권을 취득하면 분양권 취득 당시의 가구별 주택수에 따라 향후 아파트의 취득세 중과세가 결정된다. 가령 1가구 3주택자가 2020년 8월 12일 이후에 분양권을 취득하면 분양권에 의해 취득하는 아파트는 12%로 취득세가 중과세된다. 분양권 취득 시점의 주택수에 따라 취득세율이 결정되므로, 완공 시점까지 보유 중인 주택을 모두 처분하더라도 취득세 중과세를 피할 수 없다.

반면 다주택자라도 취득세가 중과세되지 않거나, 감면을 받을 수 있는 주택도 있다. 대표적으로 공시가격 1억원 이하 주택(정비구역, 사업시행구역에 소재한 주택은 제외)은 취득세가 중과세되지 않는다. 또한 주택 신축판매업으로 사업자등록을 한 자가 주택건설을 위해 멸실시킬 목적으로 취득하는 주택도 중과세를 적용하지 않는다. 정당한 사유 없이 취득일부터 1년이 경과할 때까지 주택을 멸실시키지 않거나 그 취득일부터 3년이 경과할 때까지 주택을 신축하여 판매하지 않은 경우는 제외한다.

생애최초주택 구입자는 취득세 감면

생애 최초로 12억원 이하의 주택을 구입하면 2025년 말까지 취득세를 최대 200만원까지 감면해 준다. 최근 경기도에서는 자녀가 있는 생애최초주택 구입자가 경기도 내에 4억원 이하의 주택을 취득할 경우 취득세를 전액 면제해 주는 제도를 신설했다. 2023년 10월 11일 이후 취득하는 주택부터 적용되고 있다. 이 제도는 세대주 및 세대원 모두 주택 소유 사실이 없고, 주민등록표상 자녀가 있으며, 부부합산 소득이 직전 연도 기준 1억원 이하여야 한다. 이 같은 취득세 혜택을 받기 위해서는 취득일로부터 3개월 이내에 해당 주택에 전입해서 3년 이상 실거주해야 하고, 생애최초주택 취득일

경기도에서 자녀를 둔 생애최초주택 구입자 취득세 감면 요건

자녀 기준	소득 기준	가액 기준	보유 기준	감면율	적용 기준 및 시점
주민등록표에 1명 이상의 자녀가 기재돼 있을 것	본인 및 배우자의 직전 연도 합산소득이 1억원 이하일 것	취득가액 4억원 이하의 주택을 유상 취득할 것	세대주 및 세대원 전부 주택 소유 사실이 없을 것	취득세 전액 면제	조례 공포일 (2023년 10월 11일) 이후 취득한 주택

자료: 경기도청

로부터 3개월 이내에는 다른 주택을 취득해서는 안 된다.

경기도의 생애최초주택 혜택은 지역요건과 자녀요건, 소득요건이 있어 더 까다롭다. 하지만 4억원짜리 주택을 취득하는 경우에 취득세 400만원과 지방교육세 40만원이 면제되므로 일반적인 생애최초주택 취득세 감면보다 혜택이 더 크다.

신규분양 주택을 임대주택으로 등록해도 취득세 감면 혜택을 받을 수 있다. 전용면적 60㎡ 이하의 공동주택(아파트 제외) 또는 오피스텔을 최초로 분양받아 잔금을 치른 후 60일 이내에 임대주택으로 등록하면, 취득세를 100% 감면받을 수 있다. 이때 당첨된 분양권을 매수하는 경우에도 최초 분양으로 보아 취득세 감면이 가능하지만, 조합원입주권을 매수한 경우에는 안 된다. 최초 분양이 아닌 기존주택을 구입하는 경우에도 취득세가 감면되지 않는다.

내년부터 자녀 혼인 시에 1억5000만원까지 세금 없이 증여가능

2024년 1월 1일부터 혼인으로 인한 증여 시에는 1억원이 추가 공제된다. 기존에는 부모 또는 조부모로부터 무상증여 가능한 증여재산공제액이 5000만원이었으나, 혼인신고 전후 2년(총 4년) 이내에 증여받는 자산은 1억원을 추가로 공제해서 최대 1억5000만원까지 세금 없이 증여가 가능하다.

혼인공제는 2024년 1월 1일 이후 증여분부터 적용되고, 2023년에 혼인했더라도 증여만 2024년 이후에 하면 공제가 가능하다. 따라서 혼인 시기를 굳이 미룰 필요는 없다. 신랑과 신부가 각자 혼인공제가 가능하므로 신혼부부가 최대 3억원을 세금 없이 증여받을 수 있다.

증여받는 재산의 종류와 받은 자산의 사용처에 관계 없이 공제가 가능하다. 만약 혼인한 자녀가 주택 취득 등으로 올해 안에 자금이 필요하다면, 우선 차용증을 작성해 빌려준 뒤 2024년에 해당 자금을 증여해서 혼인공제를 받는 방법도 활용할 수 있다. 물론 꼼꼼하게 차용증서를 작성하고, 이자는 반드시 수취하여 향후 증여로 추정되지 않도록 해야 한다.

> **용어설명**
>
> ### 생애최초주택 특별공급
>
> 주택청약 특별공급제도 중 하나로, 주택 공급의 정책적 배려가 필요한 무주택자를 대상으로 하여 해당 계층의 주거 안정 지원을 위해 일반인과 청약 경쟁 없이 주택을 분양받을 수 있도록 하는 제도.

증여재산 공제 한도

구분	현행	개정안
배우자	6억원	좌동
직계존속 → 직계비속	5000만원(미성년자 2000만원)	5000만원(미성년자 2000만원) + 혼인 공제 1억원
직계비속 → 직계존속	5000만원	좌동
기타 친족	1000만원	좌동

자료 기획재정부

SECTION 4

절세부터 노후까지 · · · · · · · · 부동산 상속·증여의 모든 것

by_ 정인국

한서법률사무소
변호사/세무사

Profile
- 고려대학교 법학과 졸업
- 제45회 사법시험
  합격(사법연수원 35기 수료)
- 미국공인회계사 시험
  합격(Maine State)
- (前) 법무법인 바른 변호사/
  세무사

똑똑하게 물려주기 위한
상속·증여 노하우

소득세 과세 표준 및 최고 세율

소득세 구간	세율
1200만원 이하	6%
1200만~4600만원	15%
4600만~8800만원	24%
8800만~1.5억원	35%
1.5억~3억원	38%
3억~5억원	40%
5억~10억원	42%
10억원 초과	45%

자료 기획재정부

우리나라 부자들은 100을 벌면 그 중 75는 국가에 헌납해야 한다는 자조 섞인 이야기가 있다. 우리나라 소득세의 최고 세율구간은 45%인데, 과세표준이 10억원을 넘어서면 최고세율이 적용된다. 여기에 소득세율의 10%만큼 지방세가 추가되기 때문에 실제 적용세율은 49.5%가 된다. 게다가 건강보험료 등 소득을 기준으로 하는 준조세까지 합치면 세금부담률은 50%를 훌쩍 넘게 된다. 내가 번 돈 100 중에서 50을 소득세로 내고 나면 일단 50만 남는다는 얘기다. 번 돈 50을 쓰지 않고 잘 지키다 세상을 떠나면 상속세가 부과된다. 상속세의 최고세율은 50%이고, 과세표준이 30억원을 넘어

가면 최고세율구간이 적용된다. 죽을 때 남아 있는 돈 50 중에서 절반인 25 가까이 상속세로 내는 셈이다. 결국 소득세와 상속세를 내고 순수하게 남아 있는 돈은 100 중에서 25뿐이다.

오너 기업의 대주주 등을 제외하고, 일반적인 부자들의 자산구성을 보면 부동산이 가장 높은 비중을 차지한다. 내가 갖은 고생을 다해가며 보유하게 된 부동산을 내 자녀에게 물려줄 때, 가장 세부담이 적은 방법은 무엇인지 궁금하지 않을 수 없다. 2024년 개정된 부동산 관련 세법 규정 중에서 특히 중요한 사항을 먼저 살펴보고, 부동산을 상속 내지 증여할 때 가장 지혜로운 절세방법은 무엇인지 알아본다.

2024년 달라지는 부동산 세법 규정

부동산과 관련된 제반 세법 규정들을 모두 챙기려고 노력할 필요는 없다. 디테일한 내용은 변호사나 세무사, 공인중개사 등 전문가의 도움을 받으면 된다. 일반인들로서는 부동산 처분에 관한 의사결정에 직접 영향을 미칠 수 있는 내용 위주로 살펴보면 된다. 덧붙여 아래 내용들은 국회 법률안 심의 과정에서 일부 바뀔 수도 있음을 미리 알려둔다.

1. 결혼자금증여 1억원 비과세 증여 규정 신설

현행법상 성년 자녀에 대한 비과세증여의 한도액은 5000만원이다. 성년 자녀에 대한 증여액이 5000만원을 넘어가면 그 초과분에 대해서는 증여세가 과세된다. 그런데 결혼 및 출산을 장려해 저출산문제 해결에 일조한다는 취지로 결혼자금증여 비과세 규정이 신설됐다. 2024년 1월 1일부터는 결혼자금증여 1억원에 대해 추가로 비과세한다. 합산하면 수증자 1인당 1억5000만원까지 비과세가 적용된다. 예비부부를 위해 부모님들이 각각 자기 자녀에게 1억5000만원씩 비과세한도를 꽉 채워서 증여한다면, 예비부부는 합쳐서 3억원까지 증여세 부담 없이 결혼자금을 지원받게 된다.

비과세의 구체적 요건을 살펴보자. 결혼자금증여 1억원은 혼인신고일 전후 2년을 기준으로 판단한다. 이 기간 내에 증여받은 자금이라면 그 사용처는 문제되지 않는다. 증여받은 돈에 대한 가장 무난한 사용목적은 주거지 마련 비용이겠지만, 그 외의 목적으로 사용해도 상관없다. 재혼의 경우에도 해당 규정이 적용된다. 만약 결혼자금을 증여받은 후 파혼하는 경우라면 3개월 내에 반환해야 한다. 반면 이혼하는 경우에는 반환의무 없이 비과세 혜택이 그대로 유지된다.

2. 청약통장 관련 제도의 개선

기존에는 같은 청약에 부부 양쪽이 모두 당첨되면 둘 다 무효로 처리했다. 앞으로는 부부 양쪽 당첨 시 먼저 신청한 쪽의 당첨은 유효한 것으로 변경된다. 또, 기존에는 청약가점대상인 다자녀 기준이 3자녀였으나, 향후에는 민간분양의 경우 2자녀로 다자녀 기준이 확대된다.

기존에는 본인이 주택을 소유하거나 청약에 당첨된 사실이 없어도 배우자가 그러한 이력이 있으면 청약신청이 제한됐다. 향후

> 결혼 및 출산을 장려해 저출산문제 해결에 일조한다는 취지로 결혼자금증여 비과세 규정이 신설됐다. 2024년 1월 1일부터는 결혼자금증여 1억원에 대해 추가로 비과세한다.

SECTION 4 절세부터 노후까지 — 부동산 상속·증여의 모든 것

서울 시내 한 은행의 주택청약종합저축 관련 안내문.

에는 일방 배우자의 결혼 전 주택소유나 청약당첨 이력은 다른 배우자에게 영향을 미치지 않는다.

마지막으로 기존에는 청약통장 가입기간을 계산할 때 본인의 가입기간만 반영했다. 그러나 앞으로는 배우자의 가입기간을 합산해 반영한다.

부동산 증여 내지 상속할 때 고려할 사항
1. 증여의 경우

▶상속보다 '증여'가 유리

부동산과 관련한 절세전략으로 가장 먼저 추천할 사항은 '사전증여'다. 상속과 증여는 아래와 같이 동일한 세율이 적용된다. 높은 세율구간(50%)을 피하기 위해서 낮은 세율(이를테면 10%)을 적용받도록 금액을 나누어 증여하는, 이른바 '쪼개기 증여'를 많이들 시도한다. 하지만 세법이 그리 허술하지는 않다. 자녀에게 생전에 증여한 뒤 부모가 사망하는 경우에는 10년 동안 증여한 금액을 모두 상속재산에 합산해 높은 세율구간을 적용하기 때문에 실익이 없는 경우도 있다.

그래도 부동산의 경우에는 상속보다는 사전증여가 유리한 경우가 많다. 사전증여재산은 상속 당시가 아니라 증여 당시의 가격을 기준으로 합산하기 때문이다. 대한민국의 부동산 가격은 수십년 동안 우상향의 곡선을 그려왔다. 부동산을 증여할 당시에는 가격이 10억원이었는데 상속 당시에 40억으로 가격이 4배 올랐어도, 합산하는 금액은 40억원이 아니라 10억원이 된다. 단순화하자면 40억원에 대한 50%의 세율이 아니라, 10억원에 대한 30%의 세율이 적용되는 것이다.

▶10년 간격으로 나눠 증여

합산과세를 피하려면 10년 간격으로 나누어서 증여해야 한다. 이렇게 하면 합산에 따른 높은 세율이 아니라, 개별적인 증여에 따른 낮은 세율이 적용된다.

어머니와 아들로 구성된 2인 가족이 있다. 어머니는 10억원의 현금, 10억원짜리 토지, 10억원짜리 상가, 10억원짜리 아파트, 이렇게 총 40억원의 자산을 보유하고 있다. 어머니는 사랑하는 아들에게 재산을 물려주

40억원을 한 번에 증여했을 때와 10년 간격으로 증여했을 시 증여세율 비교

는 과정에서 세금부담이 최소화되도록 장기적인 증여플랜을 짰다. 자녀가 성년이 된 후 현금 10억원을 증여했고, 그로부터 10년이 지난 뒤 10억원짜리 토지를, 또 10년 뒤에는 10억원짜리 상가를 증여했다. 다시 10년이 지난 후 어머니가 세상을 떠나면서 자녀는 10억원짜리 아파트를 상속받았다.

이 경우 자녀는 합산하여 40억원을 받았지만, 적용되는 최고세율은 50%가 아니라, 각각의 자산 10억원에 대한 30%이다. 단순히 보아도 20%의 세율차이가 발생한다. 게다가 증여 시 가격으로 합산하기 때문에, 장기간 부동산의 가격이 상승하는데 따른 누적효과를 피할 수 있는 건 덤이다.

▶ **자녀가 해외에 거주한다면,
부모가 증여세 대신 내도 돼**

자녀에게 10억원짜리 부동산을 부모가 증여한다고 생각해보자. 이 경우 부동산 가격 10억원을 증여재산가액으로 해서 증여세를 금전으로 납부해야 한다. 납부해야 할 증여세를 대략 계산해보면 2억원 정도가 된다. 자녀가 경제적 능력이 없다면 증여세도 부모가 대신 내줘야 한다. 이렇게 되면 대신 내준 증여세에 대해서 다시 한번 증여세가 부과된다. 추가된 증여세를 또 대신 내주면 새로운 증여로 보아서 다시 증여세가 부과된다. 이런 과정이 반복되기 때문에 10억원짜리 부동산을 증여하면서 증여세까지 부모가 모두 부담하려면 3억원 가까운 금전 증여가 추가돼야 한다.

하지만 해외에 거주 중인 자녀에게 증여하는 경우에는 부모가 증여세를 대납해도 문제되지 않는다. 증여세의 경우 증여를 받은 사람 그러니까 자녀가 납세의무자이다. 해외에 거주하는 '비거주자'에게 증여하면 증여자인 부모에게는 '연대납세의무'가 있다.

수증자의 거주 여부에 따라 달라지는 연대납세의무

구분	수증자가 거주자인 경우	수증자가 비거주자인 경우
신고 납부 기한	증여받은 날이 속하는 달의 말일로부터 3월 이내	좌동
관할 세무서	수증자 관할 세무서	증여자 관할 세무서
증여 공제	공제	공제 X
연대납세의무	재차 증여로 보아 합산과세	과세 X

자료 국세청

SECTION 4

절세부터 노후까지   부동산 상속·증여의 모든 것

> 부모가 거주하는 주택을 자녀에게 물려주고 싶다면 자녀가 부모의 부동산을 상속·증여받는 방법보다 부모에게 대금을 지급하고 매수하는 방법이 절세효과가 크다.

연대납세의무는 자신의 의무를 이행하는 것이기 때문에, 증여세를 대신 납부해도 새로운 증여로 보지 않는다.

다만 자녀가 해외에 있다고 해도 항상 비거주자로 보지는 않는다. 이를테면 유학생은 국내에서 부모가 주는 돈으로 생활하기 때문에, 경제적 실질은 국내에 있는 '거주자'라고 본다. 따라서 부모가 유학생한테 증여하면서 증여세까지 대신 내주면 증여세 대납분도 새로운 증여가 된다. 이미 앞에서 살펴본 대로 부동산 10억원과 증여세 대납금 3억원을 함께 준비해야 한다.

자녀가 유학생활이 끝나고 해외에서 잠시나마 직업을 가지게 되면 해외에서 독립된 생활을 하는 '비거주자'로 판단한다. 그러면 부모가 증여하면서 증여세를 대신 내줘도 새로운 증여로 보지 않는다. 따라서 당초 증여세 2억원만 대납하고 과세문제가 종결된다. 자녀가 거주자이냐 비거주자이냐에 따라 10억원짜리 증여에 대한 증여세 부담액이 1억원 가까이 차이가 나는 것이다. 그래서 해외에 유학 중인 자녀라면 국내에 귀국하기 전에 잠시라도 해외에서 직업을 가지고, 이 상태에서 부모가 증여를 하는 방법을 추천한다.

2. 상속의 경우

▶ 배우자가 상속세 내야 '절세 효과'

남편이 사망해서 배우자와 자녀 2명에게 상속이 이루어졌다고 가정해보자. 상속재산 70억원에 대해서 배우자가 30억, 자녀 2명이 각각 20억원씩 법정상속비율에 따라 상속을 받았다. 70억원에 대한 상속세는 14억원이다. 일반인들은 상속세 14억원에 대해서 상속인들 각자의 상속비율대로 상속세를 나눠서 납부하는게 공평하다고 생각한다. 배우자가 6억원, 2명의 자녀가 각각 4억원씩 내라는 것이다.

하지만 세금효과까지 고려한다면 상속인들 중에서 배우자가 가급적 많이 부담하는게 좋다. 상속인들은 각자가 '연대납세의무'가 있다. 자기가 상속받은 재산범위 내에서 한 사람이 상속세를 다 내도 문제삼지 않는다. 30억원을 상속받은 배우자가 상속세 14억원을 다 내주면 자녀들은 상속세를 전혀 부담하지 않는다. 결국 자녀들의 상속비율에 따른 상속세 부담분 8억원(4억+4억원)이 사라지므로, 어머니가 자녀들에게 증여세 부담 없이 4억원씩 증여한 것과 같은 효과를 얻게 된다.

▶ 부모가 소유한 1가구 1주택의 경우, 상속·증여 보다 '양도'

부모가 거주하는 주택을 자녀에게 물려주고 싶다면 자녀가 부모의 부동산을 상속·

증여받는 방법보다 부모에게 대금을 지급하고 매수하는 방법이 절세효과가 크다. 물론 매매가격은 시가에 비해서 적정해야 한다. 이 경우 자녀가 매수인으로서 대가를 지급하고 부동산을 산 것이기 때문에 상속세나 증여세는 일단 문제되지 않는다. 부모에게는 부동산 매각에 따른 양도소득세가 부과되어야겠지만, 해당 부동산이 '1가구 1주택'이라면 양도소득세 비과세라는 엄청난 혜택이 있다.

주의할 점은 부모의 주택을 매수하는 자녀에게 자금출처가 충분히 소명돼야 한다는 것이다. 자녀가 안정된 직장을 가지고 있고 번 돈을 충실히 저축하고 있었다면 자금출처로 인정된다. 부족한 부분은 해당 주택을 담보로 대출을 받으면 된다.

▶ **부모가 부동산 보유 많다면**
 임대료 수입 나오는 부동산 먼저 증여

부모가 여러 개의 부동산을 가지고 있다면 증여에 순서를 정하는 것이 좋다. ① 임대료수입이 나오는 상가건물 ② 부모가 거주하는 주택 ③ 토지 이렇게 3개의 부동산이 있다고 가정해보자. '상가건물→거주 주택→토지'의 순서로 이전하면 절세효과를 극대화할 수 있다.

상가건물을 먼저 증여할 경우 상가건물에서는 고정적인 임대료가 나오기 때문에 자녀는 임대료의 저축이 가능하다는 장점이 있다. 필요하다면 임대료를 낮추고 보증금을 올리는 방법으로 목돈을 마련할 수도 있다. 이렇게 마련한 자금으로 부모가 소유한 다른 부동산을 매수한다면, 상속세나 증여세 부담 없이 자산을 이전할 수 있다. 매수 대상 부동산이 부모가 거주하는 주택이라면, 앞에서 본 것처럼 부모에게는 1가구 1주택 비과세가 적용되어 양도소득세 부담도 사라진다.

최초의 상가 증여일로부터 10년이 지난 뒤에 부모가 사망한다면, 상가와 토지 가액을 합산하지 않고 토지에 대해서만 상속세를 납부하면 된다.

절세, 장기적 플랜 수립이 중요

이 밖에도 상속세나 증여세를 줄일 수 있는 다양한 절세전략들이 있다. 하지만 어떤 절세전략도 세금을 0으로 만드는 드라마틱한 결과를 얻어낼 수는 없다. 여러 개의 절세전략을 골고루 활용해서 납부할 세금을 최소한으로 줄이는 게 필요하다.

당부하고 싶은 점은 절세전략을 포함해 상속 관련 이슈는 절대로 단기간에 해결할 수 없다는 것이다. 요술방망이 같은 전략은 존재하지도 않는다. 무언가 기묘한 테크닉을 쓴다고 해도 과세당국 혹은 법원에 의해 부인될 가능성이 높다. 이 경우 세무조사, 조세심판, 소송으로 이어지는 긴 불복절차를 통해 되레 시간과 비용만 더 들어가게 된다. 피상속인의 사망 후 불필요한 분쟁을 피하기 위해서는 생전에 충분한 시간을 두고 장기적인 플랜을 마련해야 한다. 피상속인과 상속인 간의 관계, 상속인들 서로의 관계, 피상속인이 보유한 재산의 규모와 성격 등 각자가 처한 상황에 따라 최적의 상속플랜은 달라질 수밖에 없다. 법률전문가, 세무전문가의 조력이 필요한 부분이다.

용어 설명

연대납세의무

하나의 납세 의무에 대해 몇 사람, 혹은 기업이 연대하여 납부 의무를 지는 것을 의미한다.

SECTION 4

절세부터 노후까지 ········· 실버타운 전망

*by*_심형석

미국 인터내셔널
아메리칸대(IAU) 교수

Profile
• 우대빵 연구소장
• 에스테이트클라우드 본부장
• (前)직방 자문위원

서울특별시 광진구 자양동에 위치한 더클래식500. 건국대학교 산하 기업인 건국AMC에서 운영하는 프라이빗 시니어 타운으로, 높은 보증금만큼 호텔급 서비스로 유명하다.

고령화 시대에 각광받는 시장, 수요는 늘고 공급은 부족

0.01%. 무슨 숫자일지 궁금하다면 보건복지부의 자료를 찾아보면 된다. 우리나라 65세 이상 인구와 실버타운의 정원(현원이 아니다) 간 비율이다. 우리나라의 65세 이상 인구가 실버타운에 들어갈 수 있는 확률이다. 만약 마음에 드는 실버타운에 입소해 있다면 로또에 가까운 행운을 누리는 셈이다. 마음에 드는 실버타운 입소를 위해서는 2~3년씩 대기해야 한다는 말이 나오는 이유다.

실버타운, 정확한 법적 용어로는 '노인복지주택'이다. '노인복지주택'은 주택법이 아닌 노인복지법에 의거해 분양, 매매 및 임대에 제한을 받는 준(準)주택이다. 이미 2015년부터 분양을 할 수가 없게 됐다. 그래서 임대만 가능했던 유료 양로시설과 차이가 없어졌다. 국내 최고급 도심형 실버타운으로 알려진 더클래식500의 경우도 유료 양로시설이다.

2022년 현재 '노인복지주택'은 전국적으로 38개 시설에 7900명(현원)이 입소해 있다. 고령화 추세와 맞물려 전반적인 노인복지시설은 꾸준히 증가하고 있다. 그러나 유독 노인복지주택만 제자리걸음이다. 2008년과 비교하면 전체 노인복지시설의 입소정원은 3배나 증가했지만 노인복지주택은 3000명 증가에 그쳤다. 시설도 18개가 증가했을 뿐이다.

노인주거는 관심 밖의 문제

노인복지주택은 수요가 제한되는 상품이다. 60세 이상만 입주가 가능하다. 부부 중 60세 이상이 한 명만 있어도 입소가 가능하다. 수요 제한 상품으로 경쟁력이 떨어지니 자연스럽게 공급하는 사업자도 없는 편이다. 정부 또한 주택가격 안정화에만 관심이 있고 고령화에 따른 주거문제를 대비한다는 의식은 부족한 편이다. 물론 노인복지주택은 건축부지 취득에 관한 조세를 감면받고 일반 공동주택에 비해 완화된 시설 설치기준을 적용받는 등 보조와 혜택이 있다. 하지만 이것만으로 실버타운을 늘리기는 역부족이다.

노인복지주택이 지어지지 않는 가장 큰 원인은 분양이 안 되기 때문이다. 과거 허위·과장 광고에 따른 실버타운 사기 사건 피해자가 발생했다. 그러면서 2014년 12월 노인복지법을 개정해 노인복지주택의 분양 관련 조항을 삭제했다. 현재는 입주자들이 보증금과 함께 매달 생활비를 내고 사는 형태의 '임대형'으로만 노인복지주택 공급이 가능하다. 용인의 '스프링카운티자이'가 '광교산 아이파크'와 함께 사실상 마지막으로 분양된 노인복지주택이었다.

고령인구가 크게 늘어나는 상황에서 행정 편의에 따른 규제로 인해 열악한 민간 노인

노인복지시설 현황

구분	노인복지시설		노인복지주택	
	2008년	2022년	2008년	2022년
시설 수(개수)	63,919	85,228	20	38
입소정원(명)	112,064	321,500	5,645	8,491

자료 보건복지부, 2022 노인복지시설 현황

> 2008년과 비교하면 전체 노인복지시설의 입소정원은 3배나 증가했지만 노인복지주택은 3000명 증가에 그쳤다.

SECTION 4

절세부터 노후까지 · 실버타운 전망

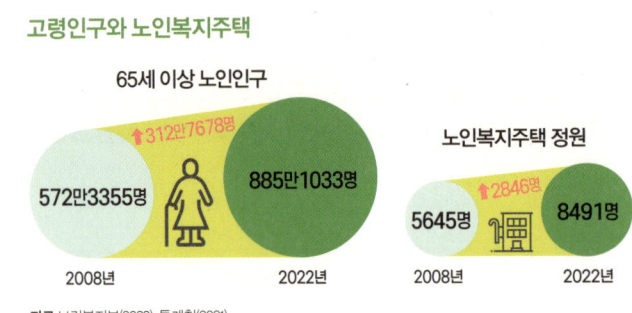

고령인구와 노인복지주택

65세 이상 노인인구
- 2008년: 572만3355명
- 2022년: 885만1033명 (↑312만7678명)

노인복지주택 정원
- 2008년: 5645명
- 2022년: 8491명 (↑2846명)

자료: 보건복지부(2022), 통계청(2021)

년 말 현재 65세 이상 인구는 약 950만 명으로 전체 인구의 18.4%를 차지하고 있다. 이러한 추세가 이어지면 내년은 1000만 명을 넘고 2년 후에는 전체 인구의 20% 이상이 65세 이상인 초고령사회로 진입하게 된다. 2035년에는 전체 인구의 30% 이상, 2050년엔 전체 인구의 40% 이상이 65세 이상 인구가 차지할 전망이다.

문제는 속도다. 2018년 고령사회(65세 이상 인구가 전체의 14% 이상)로 진입한 우리나라는 초고령사회가 되는 데에는 불과 7년밖에 걸리지 않게 된다. 반면 주요 선진국들이 초고령사회에 도달하는 데 걸린 기간은 영국 50년, 프랑스 39년, 독일 36년, 미국 15년 등으로 우리나라보다 훨씬 길었다. 2004년에 초고령사회에 진입한 일본도 10년이 걸린 점 등을 고려하면 초고령사회를 준비할 수 있는 시간이 너무 촉박하게 됐다.

2008년 노인복지주택 통계가 발표되기 시작할 때의 65세 이상 고령인구는 572만 명이었다. 고령화율 또한 11.6%에 그쳤다. 하지만 그동안 고령인구와 고령화율이 두배로 늘어났음에도 불구하고 노인복지주택

복지주택 공급이 끊어졌다. 수요자와 공급자 모두 자가형태의 노인복지주택을 선호하는 상황에서 임대형만으로는 노인복지주택의 확산에는 분명한 한계가 있다. 임대형 노인복지주택은 일부 고소득층만 거주 가능하며 저소득층은 정부의 공공임대주택뿐으로 중산층 노인인구에 대한 선택지는 없었다.

노인인구 급격히 증가

노인복지주택 설치가 거북이걸음을 하고 있는 사이에 우리나라 65세 이상 노인인구는 급격히 증가했다. 통계청에 따르면 2022

수도권 입주예정 노인복지주택

브랜드명	지역	가구 수	입주(예정)	보증금	생활비
더 시그넘하우스 청라	인천 서구	139가구	2023년 11월	3.29억~12억원	199만~531.9만원
VL 르웨스트	서울 강서구	810가구	2025년 10월	7.38억~22.3억원	215만~570만원
백운호수 푸르지오 숲속의 아침 스위트	경기 의왕시	1차: 325가구 2차: 211가구	2025년 11월	5.45~7.95억원	190만~476만원

자료: 각 사 홈페이지

경기 의왕시 학의동 백운호수를 중심으로 조성된 백운호수 푸르지오 숲속의 아침 스위트 조감도.

은 의미 있는 증가를 보이지 못하고 있다. 고령화율의 엄청난 속도에 비해 노인주거는 관심 사각지대에 머물고 있었다는 방증이다.

입주하는 실버타운 극소수

고령인구는 급격히 늘어나는데 공급이 부족하니 입주희망자들 사이의 경쟁은 치열했다. 2023년 3월 임대분양한 서울 강서구 마곡지구의 노인복지주택인 'VL르웨스트'의 청약경쟁률은 최고 205 대 1을 기록했다.

입주가 예정된 시니어타운 또한 찾아보기가 쉽지 않다. 수도권을 예로 들면 2023년부터 2025년까지 인천 서구 청라동의 '더시그넘하우스 청라'(139가구), 경기 의왕시 의왕백운밸리 '백운호수 푸르지오 숲속의

노인복지주택 보증금, 생활비 순위 Top10
단위: 원

	브랜드명	지역	1인 보증금	1인 월생활비	설립연도
1	더클래식500	서울 광진구	900,000,000	5,500,000	2009년
2	VL르웨스트	서울 강서구	750,000,000	3,050,000	2025년
3	백운호수 푸르지오	경기 의왕시	570,000,000	1,900,000	2025년
4	삼성노블카운티	경기 용인시	320,000,000	2,600,000	2001년
5	VL라우어	부산 기장군	450,000,000	2,140,000	2024년
6	더시그넘하우스	서울 강남구	440,000,000	1,920,000	2017년
7	서울시니어스 강서타워	서울 강서구	390,000,000	2,090,000	2003년
8	서울시니어스 가양타워	서울 강서구	386,000,000	2,000,000	2007년
9	더시그넘하우스 청라	인천 서구	335,000,000	1,990,000	2025년
10	서울시니어스 분당타워	경기 성남시	325,000,000	2,060,000	2003년

자료: 공빠TV (2023년 9월 기준)

SECTION 4

절세부터 노후까지 ········· 실버타운 전망

여의도 13배 면적을 자랑하는 미국의 대규모 시니어타운 선 시티.

아침 스위트'(536가구), 서울 강서구 마곡지구 'VL르웨스트'(810가구) 등 총 1485가구에 불과하다. 그동안 65세 노인인구는 1000만 명이 넘게 늘 것으로 예상된다.

2025년까지 입주가 예정되어 있는 노인복지주택은 국내 상위 10위 고가 실버타운에 모두 포함될 예정이다. 노후의 안정적인 생활을 걱정하는 노인인구가 많은 점 등을 고려한다면 노인복지주택의 보증금과 월 생활비는 상당한 수준이다. 추가적으로 들어가는 비용까지 생각한다면 어지간한 자산가가 아니면 노인복지주택의 문을 두드리는 것조차 어렵다.

국내 실버타운은 타운이라고 하기에도 부끄러울 정도로 소규모다. 보건복지부의 '2022 노인복지시설 현황 자료'에 의하면 노인복지주택 1개 시설당 입소정원은 223가구다. 200가구는 보통 '나홀로 아파트'로 분류되는 수준의 규모다. 편의시설 부족으로 인해 주거 만족도가 그리 높지 않다. 서울은 더 심각하다. 시설당 입소정원은 160가구에 불과하다. 미국과 같이 대규모 실버타운을 만들지 못하다 보니 규모의 경제가 성립되지 않고 의무식이 존재하고 제반 서비스 비용 또한 높을 수밖에 없다.

제도적 뒷받침된 미국·일본

고령화 속도는 우리가 빠르지만 고령화에 대비한 주거시설의 경우 경험은 선진국이 많다. 실버타운이 가장 발달한 나라는 미국이다. 미국의 65세 이상 노인인구는 1900년께는 300만 명에 불과했다. 하지만 미국의 총인구가 3배 증가하는 지난 70년 동안 노인인구는 7배나 증가해 2021년 기준으로 5580만 명에 이른다. 우리나라 인구수보다 많다. 이는 미국 전체 인구의 16.8%에 해당한다.

미국의 실버타운은 CCRC(Continuing Care Retirement Community)라고 부르는데 입주 후 건강에 문제가 생기더라도 단지 내 병동으로 거처를 옮기면 생활이 가능하다. 우리나라와 같이 노인복지주택을 떠나야 하는 경우는 없다. 업계에서는 미국의 CCRC가 대략 2000개 가까이 될 것으로 추정한다.

미국 실버타운의 특징은 대규모라는 점이다. 1960년대부터 건설업자들이 '더 선 시티', '더 빌리지' 등 여러 시니어타운을 조성하고 은퇴자들을 모집했다. 그러면서 대규모 시니어타운 문화가 정착됐다. 애리조나 피닉스 근교에 세워진 '선시티(Sun City)'는 여의도 13배 면적인 약 38ha(약 1150만 평) 대지에 골프장과 원형극장 등이 갖춰져 4만 명의 은퇴 노인들이 노후를 보내고 있다.

일본 유료노인홈
(일본노인복지재단 운영)

고령자를 위한
'주거'

+

고령자를 위한
'서비스'
- 식사 제공
- 장기요양서비스 제공
- 세탁, 청소 등 가사노동
- 건강 관리

일본의 공적개호보험제도 이용 가능

일본은 1980년대부터 우리 노인복지주택에 해당하는 '유료노인홈'이 본격적으로 생기기 시작했다. 2021년 말 기준으로 전국에 무려 1만6724곳, 입주민은 63만4395명이 있다. 여기에 더해 UR도시기구에서는 친족끼리 근거리에 거주하면 임대료를 최대 30% 할인해주는 에이지 믹스(age mix) 정책을 활용 중이다. 우리가 소셜믹스(social mix)에 빠져 있는 사이에 일본은 이미 미래의 주거문제까지 고민하는 중이다.

해외 선진국에서 비교적 활발하게 실버타운 개발에 나설 수 있는 이유 중 하나는 '헬스케어 리츠(Healthcare REITs: 부동산투자신탁)' 시장이 뒷받침되기 때문이다. 900여 시니어타운을 소유한 미국의 '웰타워' 리츠는 시가총액이 434억달러(약 57조원)에 달한다. 한국에서는 이런 리츠가 생기기 어렵다. 소유와 운영이 일치해야 한다는 실버타운 규제 때문이다.

국내 요양산업 성장 가능성 엿보여

고령화가 급속히 진행되고 있지만 실버타운, 즉 노인복지주택은 그에 발맞춰 건설되지 않고 있다. 하지만 새로운 주체들이 등장하면서 실버타운에 대한 기대는 여전히 남아 있다. 노인복지주택을 통해 요양사업을 대폭 강화하고 관련 보험시장을 확대한다는 입장도 있다.

이미 KB손해보험이 자회사인 KB골든라이프케어를 설립해 서울 서초와 경기 위례 등에서 요양시설을 운영하고 있다. 신한라이프도 실버타운 조성사업에 출사표를 던졌다. 신한라이프는 서울시 은평구에 노인

일본 노인복지재단이 운영 중인 7곳의 유료노인홈

자료: 한국보험연구원, (재)일본노인복지재단

복지주택 단지를 조성할 것으로 알려졌다. 미래 성장동력으로 부각되는 요양사업을 강화하기 위해 기존의 노인요양시설을 넘어 실버타운 사업에 진출하게 됐다. 2027년부터 노인복지주택을 운영하기 위해 은평구에 부지매입을 마친 것으로 알려졌다. 신한라이프는 이미 2021년 8월 사내 태스크포스(TF)를 꾸려 요양사업 진출을 준비했다. 2023년 1월 금융위원회에 요양업 영위업무 인허가 신고도 마쳤다. 생명보험회사가 사업적 연관성이 높은 요양사업에 진출한다면 도심권에 관련 시설을 늘리고 전문화된 서비스를 제공할 수 있을 것으로 기대된다. 그동안 영세한 개인사업자 중심으로 형성된 국내 요양시장이 한 단계 도약할 수 있는 계기가 될 것으로 보인다.

서울시 강서구에서 5성급 호텔을 운영 중인 메이필드호텔은 롯데호텔에 이어 실버타운 사업에 뛰어든다. 현재 메이필드호텔스쿨로 운영되는 건물을 고급실버타운으로 조성할 계획이다. 2024년 착공해서 2025년까지 조성사업을 마무리할 예정이

> 해외 선진국에서 비교적 활발하게 실버타운 개발에 나설 수 있는 이유 중 하나는 '헬스케어 리츠(Healthcare REITs: 부동산투자신탁) 시장'이 뒷받침되기 때문이다.

SECTION 4

절세부터 노후까지   실버타운 전망

KB손해보험의 두 번째 도심형 요양시설 KB골든라이프케어 서초 빌리지.

실버타운이 지금과 같이 계속 지어지지 않으면 주거선호지역에 대한 세대 간 경쟁이 심화될 가능성이 커진다.

다. 그동안 병원 등 실버타운을 조성하는 주체가 한정되어 있었다. 이제는 다양한 회사에서 실버타운 사업에 관심을 가지는 것은 현재 양적으로 부족한 실버타운의 문제를 해결하고 질적인 서비스 제고에도 도움이 될 것으로 기대된다.

실버타운이 지어지지 않으면

실버타운이 단기간에 많이 지어지기는 어렵다. 2025년까지 수도권을 제외하면 부산의 한 곳(VL라우어)만이 문을 열 것으로 보인다. 우리나라에만 있는 다양한 규제 때문이다. 가장 큰 규제는 분양이 어렵다는 점이다. 사업자가 토지와 건물을 직접 소유하거나 공공 임차해야 하는 등의 제약도 공급이 어려운 이유다.

실버타운이 지금과 같이 계속 지어지지 않으면 부동산시장에 어떤 영향을 미칠지 고민해야 한다. 먼저 주거선호지역에 대한 세대 간 경쟁이 심화될 가능성이 커진다. 2030세대뿐만 아니라 베이비부머 또한 도심에 거주하는 것을 선호한다. 주거선호지역인 도심의 주택이 한정되어 있는 상태에서 세대 간 경쟁이 벌어질 수 있다. 안 그래도 수요 확장성이 큰 주거선호지역의 주택가격 상승으로 인해 주택시장 안정을 이룬다는 것이 갈수록 어려워지고 있다. 꾸준한 실버타운 건설로 베이비부머의 주택수요를 분산시키는 노력이 필요할 것으로 예상된다.

실버타운이 지어지지 않으면 아파트 내 서비스 기능이 추가될 가능성도 있다. 어차피 의료를 제외한다면 중장년층도 필요한 서비스들이다. 대표적인 서비스가 급식(catering)이다. 단절된 아파트에 모임의 장을 만들어 커뮤니티 활성화에도 도움이 되니 일석이조 효과를 누릴 수 있다. 건강지킴이로 나선 단지 내 헬스클럽 등도 더욱 활성화될 수 있다.

주상복합 아파트가 실버타운의 대안으로 부각될 수 있다. 일본에서도 우리 주상복합 아파트와 유사한 타워맨션에 중장년층 거주자가 늘어나고 있다. 주상복합아파트는 상업시설에 병원을 포함한 다양한 편의시설까지 갖추고 있다. 조·중식 서비스까지 확대하고 있다 보니 실버타운을 대체할 수 있는 거의 유일한 상품이라는 의견이 많다. 현재 도심 실버타운에 입주하기 위해서는 최소 수년을 기다려야 한다. 보증금으로 최대 10억원 가까이 지불해야 하지만 본인이 원하는 시기에 입소하기는 어렵다. 이렇게 노인주거시설에 대한 투자가 계속 지연된다면 해외이주가 늘어날 수도 있다. 필리핀, 말레이시아, 태국 등의 나라에서는 국가 차원에서 세미나 등을 개최하면서 국내 은퇴(예정)자를 유치하기 위해 노력하는 중이다. 소위 은퇴 이민이다. 2023년 고령자 통계에 의하면 65세 고령자 가구의 순자산액은 4억5364만원으로 전년 대비 4316만원이 증가했다. 우리에게는 크지 않을 수도 있지만 동남아시아에서는 적지 않은 액수다. 대부분이 휴양지라서 자연환경도 나쁘지 않다. 한국의 은퇴계층을 흡수하기 위해 편의시설 또한 우리보다 월등하게 구비 중이라고 한다.

지금부터라도 노인주거문제를 고민하지 않으면 자금력 있는 은퇴계층을 다른 나라에 빼앗길 수 있다. 더 큰 문제는 이런 이민을 고민하는 계층이 노인들만은 아니라는 점이다. 취업포털 잡코리아 조사에 의하면 '기회가 되면 이민 갈 생각이 있는가?'란 질문에 '있다'는 응답이 무려 70.8%였다고 한다. 은퇴계층을 포용하지 못하는 나라는 젊은이나 중장년층에도 희망이 없다. 특히 50대 이상의 응답자들이 이민 가고 싶어 하는 가장 큰 이유가 '안정적인 노후를 위해서'라고 한다. 은퇴노인들의 안정적인 주거와 노후대책이 더욱 요구되는 이유다.

필리핀의 은퇴 이민 빌리지 설명회 모습.

SECTION 4

절세부터 노후까지 — 해외 부동산 투자

서울 롯데월드타워에서 바라본 강남 아파트 일대 모습.

문턱 낮아진
해외 부동산 시장

2010년대 말 정부의 각종 규제가 심해지고 집값이 급격히 상승하면서 국내 주택시장에 대한 의문이 커져갔다. 토지나 상가 등 다른 상품으로 투자자들의 관심이 바뀌어 가지만 전체 부동산시장이 침체된다면 특정 상품만 호황일 리가 없다. 자연스럽게 투자자들은 해외부동산시장으로 눈을 돌렸다. 해외부동산투자 세미나는 문전성시를 이루었고 해외부동산 투자 견학단은 광고만 하면 모집이 끝났다.

2006년 해외부동산투자 자유화가 실시된 이후 다시 해외부동산투자가 붐을 이뤘다. 2017년, 2018년이 절정이었다. 투자자들의 구성 또한 달라졌다. 과거에는 일부 부유층으로만 한정되었던 해외부동산투자에 일반 중산층 투자자들도 가세했다. 10년 동안 부동산 투자자의 자본도 축적됐고, 해외 부동산 시장 또한 변동성이 크지 않아 안정적이었다. 강남 아파트의 가격 또한 이제는 일반 투자자들이 넘볼 수 있는 수준을 크게 넘어섰다. 한국부동산원에 의하면 서울의 평균 아파트 매매가격은 10억원이 넘었다. 강남구 아파트는 2023년 9월 현재 22억원에 육박한다. 이제 강남 아파트는 자산가들의 '그들만의 리그'로 바뀌고 있다. 반면 해외에는 아직도 적은 금액으로 투자할 수 있는 매력적인 주택이 꽤 된다. 특히 이민과 연계된 투자는 더욱 매력적이다.

포르투갈의 경우 여전히 투자이민을 열어 놓고 있다. 50만유로(약 7억1000만원) 이상의 부동산(주택)을 취득하면 거주가 가능한 골든비자(Golden Visa)가 나온다. 거주증으로 다른 유럽연합(EU) 내 국가로 쉽게 이동하거나 다른 일들도 할 수 있다.

이런 영향이 반영된 까닭인지 해외부동산 취득건수는 팬데믹 기간에도 꾸준히 늘었다. 특히 개인의 부동산투자도 건수는 줄었지만 금액은 오히려 늘었다. 2021년 전체 해외부동산 취득건수는 2455건, 취득금액은 6억달러로 집계됐다. 2020년 대비 건수는 408건이 줄었지만 취득금액은 2억1000만달러나 증가한 규모다. 해외부동산 취득에 따르는 송금 한도가 폐지된 이래 내국인들의 해외부동산 취득과 투자 규모가 증가세를 유지하고 있다.

과거에는 이민, 유학 등 실수요 중심이 주를 이뤘다. 최근 해외 부동산투자는 해외투자 자유화 정책 등의 영향으로 투자를 목적으로 한 비중이 크게 늘어났다. 2022년부터 시작된 국내 주택시장의 침체 또한 큰 영향을 받았다. 여타 선진국에 비해 우리나라 주택시장은 훨씬 가격 하락폭이 크며 반등도 늦었기 때문이다. 해외부동산 투자가 대안으로 부상한 이유다.

투자 목적이 달라지니 투자대상도 다변화되고 있다. 과거 이민이나 유학 수요가 많은 선진국 중심에서 개발도상국이 투자 대상국으로 부각되는 중이다. 고령화와 저금리 또한 이를 부채질한다. 스타링프로퍼티

2020~2022년 해외부동산 취득 현황

2020년		2021년		2022년 상반기	
건수	금액	건수	금액	건수	금액
2863건	3.9억달러	2455건	6억달러	1136건	3.3억달러

자료 기획재정부

연도별 9월 강남 아파트 가격 추이

단위 만원

- 2013년 9월: 9억4262
- 2014년 9월: 9억2683
- 2015년 9월: 10억6221
- 2016년 9월: 10억9878
- 2017년 9월: 11억5003
- 2018년 9월: 14억9436
- 2019년 9월: 15억9374
- 2020년 9월: 17억4153
- 2021년 9월: 22억4925
- 2022년 9월: 22억9908
- 2023년 9월: 21억9945

자료 한국부동산원

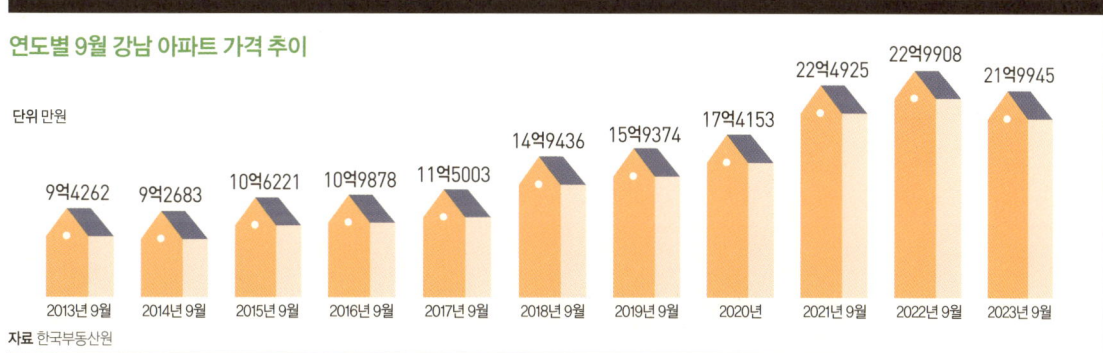

SECTION 4 　절세부터 노후까지　　해외 부동산 투자

2023년 부동산 투자하기 좋은 나라

- 1위 아랍에미리트 두바이
- 2위 터키 이스탄불
- 3위 스웨덴 스톡홀름
- 4위 네덜란드 암스테르담
- 5위 호주

자료: STARLING Properties

(STARLING Properties)에서 조사한 '2023년 최고의 부동산투자 국가'(Best Countries to Invest in Real Estate in 2023)에 의하면 1위는 아랍에미리트의 두바이, 2위는 터키의 이스탄불이었다.

최근 베이비붐 세대의 은퇴와 내수 경기 악화로 아시아 등 해외로의 이민이나 장기체류도 증가하는 추세다. 국내에서는 불가능하지만 저렴한 비용으로 해외 체류 및 생활이 가능하기 때문이다. 한 달 살기 트렌드 또한 국내를 벗어나 해외로 향하는 중이다. 동남아시아의 경우 평균 기온 또한 은퇴자들에게 적합하다. 각국의 은퇴지원 정책도 국내 은퇴자들의 발길을 붙잡고 있다. 필리핀, 태국, 말레이시아 등은 국가 차원에서 은퇴이민을 장려하고 사전답사 프로그램을 적극 활용하고 있다.

해외주식 투자도 비슷한 경로를 걸어왔다. 부유층을 중심으로 국내 주식투자의 대체 투자처로 주목받다가 지금은 일반인들도 투자하는 등 보편화되고 있다. '서학개미'가 이제는 낯선 용어가 아닌 것과 비슷하다. 국내 증권사 최초로 해외기업 전문 분석업무를 미래에셋증권이 시작한 것이 2017년이었다. 불과 5년 만에 해외주식 투자는 어색하지 않은 시대가 됐다.

향후 이런 추세는 계속될 것으로 보인다. 자산부문은 금융이든 부동산이든 분산투자 대상으로 해외를 고려하는 투자가 일반화될 전망이다. 과거 해외 부동산투자가 부유층이 참여한 일시적 경향이었다면 향후 해외 부동산투자는 중산층이 가세한 지속적 경향으로 변모할 가능성이 있다. 투자 금액의 과다 문제가 아니라 국내 부동산시장을 대체할 포트폴리오상의 투자수단으로 부각할 것이라는 의미다.

물론 2022년 하반기부터 상황은 조금 달라졌다. 빠른 금리상승과 경제여건이 악화되

828m 높이의 고층빌딩 부르즈할리파가 보이는 두바이 전경.

면서 부동산과 같은 대체투자에 대한 관심이 급격히 줄었다. 해외 부동산투자의 문제가 아니라 위험자산에 대한 불안이 컸던 탓이다. 해외 부동산투자에 일찍 참가한 경우는 그래도 수익을 본 사례가 있지만 팬데믹 직전에 매입한 경우는 수익은 고사하고 손실을 볼 위기에 처한 경우도 많다. 아직 관광수요가 완벽하게 회복되지 않았고 글로벌 부동산 호경기에 개발한 사업들로 인해 공급과잉으로 어려움을 겪고 있다.

이제는 과거와 같이 모든 해외부동산시장이 경쟁력 있지는 않을 것으로 예상된다. 선별적 투자가 필요한 시기라는 얘기다. 이런 측면에서 이웃나라 일본도 주목할 필요가 있다. 일본은 닛케이225지수가 3만 선을 다시 돌파할 정도로 경제가 좋다. 기준금리는 –0.1%로 여전히 저금리 상황이다. 법인을 활용할 경우 레버리지 극대화도 가능하다. 가장 중요한 점은 현재 엔저 상황이라 추후 환차익을 통한 추가 수익도 기대된다는 점이다. 해외 부동산투자를 경험한 이들은 궁극적인 투자수익은 환차익에서 결정된다고 한다. 그런 점에도 일본 부동산시장은 주목할 만하다.

도쿄도 부동산 여전히 견조

2023년 8월 31일 발표한 일본 국토교통성의 부동산가격지수에 의하면 주택종합 지표는 전월보다 0.7% 하락했다. 반면 상업용 부동산의 회복은 뚜렷했다. 구분 맨션은 1.0% 하락해 가격이 정점에 있는 것 아닌가 하는 지적이 나오고 있다. 가격이 너무 많이 올라서 일반 급여소득자가 도쿄에서 부

서울 시내 한 은행의 예금 금리 안내 전광판.

동산을 구매하는 것이 갈수록 어려워지고 있다. 인플레이션 영향으로 일본은행이 지금까지의 금융완화 기조를 조심스럽게 방향전환하는 것 아닌가 하는 해외투자가들의 불안이 영향을 미친 것으로 판단된다. UBS가 발표한 2023년 부동산버블지수(Global Real Estate Bubble Index 2023)에 따르면 1위 취리히에 이어 도쿄가 세계 주요도시 가운데 두 번째로 버블 우려가 높아졌다. 일반 급여소득자의 급여수준 등 실제 경제와 부동산가격 간에 괴리가 발생하고 있는 점, 그리고 금리상승 리스크를 들고 있다. 수도권 8월 분양맨션의 임대료는 전월과 비교해 1.7% 상승한 ㎡당 3578엔(약 3만원)이 되어 109개월 연속 상승하고 있다. 임대료 수준이 높은 도쿄도가 2.2% 상승으로 전월에 이어 상승세를 이어가고 있다. 부동산 가격 상승이 임대료 인상으로 연결된다는 판단이다. 도쿄도에서는 부동산 거래가 계속 견조하며 가격도 상승하고 있지만 아시아권 언론, 방송에서는 일본의 부동산 버

SECTION 4

절세부터 노후까지 　　해외 부동산 투자

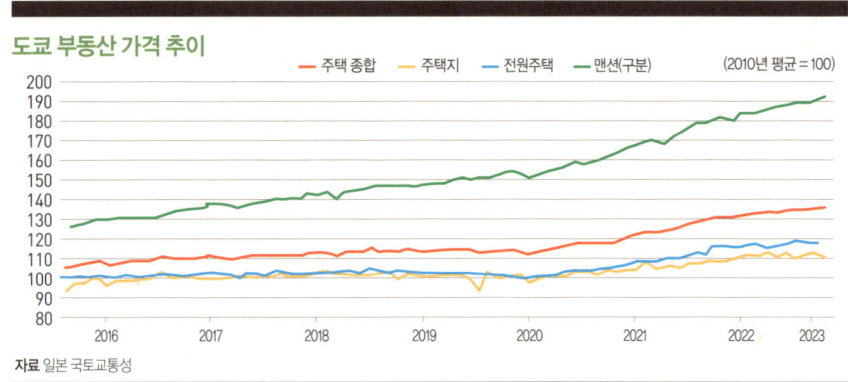

블에 대한 우려가 있는 것 같다. 도쿄도의 부동산 가격 상승은 아베 정권의 마이너스 금리와 엔저로 시작됐다. 팬데믹 이후에는 여전한 저금리와 관광수요 회복, 계속된 수도권 인구 증가, 엔저에 따른 해외부동산 투자자금의 유입 그리고 안정적인 임대시장으로 인한 높은 수익률에 기반한다. 하지만 물가상승이 계속되고 있는 경제 상황에서 일반 국민들의 급여 수준이 따라가지 못한다면 부동산 상승 경기에도 조만간 문제가 발생할 것이라는 우려도 있다.

2023년 10월 29일, 엔·달러 환율이 심리적 저항선인 '1달러=150엔'을 또다시 돌파하며 일본의 버블 경제 시기를 떠올리게 하고 있다. 사진은 일본 도쿄 외환거래업체 가이타메닷컴 사무실 전경.

미국 주택시장 전망

2008년 미국 주택시장이 붕괴할 때의 상황이 2024년에도 재연될 수 있을까? 경제전문가들은 집값 상승과 높은 모기지 금리라는 어려운 상황 속에서 내년 주택시장을 전망하고 있다.

2023년 마지막 분기를 시작하면서 모든 시선은 2024년으로 쏠리고 있다. 2023년 주택가격은 예상과 다르게 중간 판매가격이 7월에 40만6700달러(약 5억5000만원)에 이르렀다. 이는 사상 최고치보다 고작 7000달러 적은 금액이다. 8월 말 기준 30년 만기 주택담보대출의 연평균 이자율이 7.36%에 달하는 상태에서 일어난 일이다. '장기적으로 더 높은 금리(higher for longer)'라는 미국 중앙은행(Fed)의 정책이 곧 종료될 것이라는 조짐이 거의 없기 때문에 주택가격은 낮아질 수 있다.

하지만 NAR(전국부동산중개인협회)의 수석이코노미스트는 2024년 주택가격이 3~4% 오를 것으로 보고 있다. 주요한 이유는 '공급' 때문이다. 부동산 그룹인 질로(Zillow)의 전문가들 또한 3.4% 상승을 예

미국 메릴랜드주 트래프의 주택 건설 현장.

상한다. 전국주택건설협회(National Association of Home Builders)에서 미국 주택부족 현상이 2024년 말까지도 해소되지 않을 것으로 봐서다. 반면 다른 의견도 있다. 무디스와 모건스탠리 등은 2024년 미국 주택가격이 소폭 하락할 것으로 전망했다.

미국 주택시장은 시장에 나오는 부동산 매물공급과 모기지 금리에 의해 좌우된다. 2021년 미국의 기존 주택중간가격은 16.9% 상승한 34만6900달러(약 4억7000만원)를 기록했다. 612만 가구의 판매가 이루어져 2006년 이후 최고치를 기록했다. 사상 최저 금리, 강한 가격상승, 단독주택 임대수요 증가가 주도했다.

팬데믹으로 인한 호황은 2022년에 끝났다. 2022년 12월 주택판매건수는 전년 동월 대비 34% 감소했다. 분석가들과 경제학자는 2023년에 미국 주택시장이 침체할 것으로 보았지만 예상은 빗나갔다. 향후 5년 동안 미국 주택시장은 가격이 정체되거나 약간 하락하는 등 둔화를 겪을 것으로 예상된다. 그러나 대출기준이 더욱 강화됐기 때문에 2008년 시장 붕괴 때처럼 가격이 크게 하락할 가능성은 크지 않다.

2024년 주택시장 전망을 놓고 수많은 얘기가 있다. 그만큼 향후 주택시장을 예측하는 것이 매우 어렵기 때문이다. 팬데믹 상황은 부동산과 토지이용 부문에 큰 영향을 미쳤고 이러한 영향은 향후 5년간 미국 주택시장의 수요와 공급에 계속 영향을 미칠 전망이다. 신기술, 변화하는 인구통계, 고용시장, 원격근무의 증가 등은 미래 주택시장에 영향을 미칠 큰 변수다.

US뉴스 주택시장지수(U.S. News Housing Market Index)는 2024년 중간주택가격이 소폭 하락할 가능성이 있지만 모기지 금리가 예상보다 빠르게 하락할 경우 주택가격은 2024년 말까지 보합세를 유지할 것으

도쿄도에서는 부동산 거래가 계속 견조하며 가격도 상승하고 있지만 아시아권 언론, 방송에서는 일본의 부동산 버블에 대한 우려가 있는 것 같다. 도쿄도의 부동산 가격 상승은 아베 정권의 마이너스 금리와 엔저로 시작됐다.

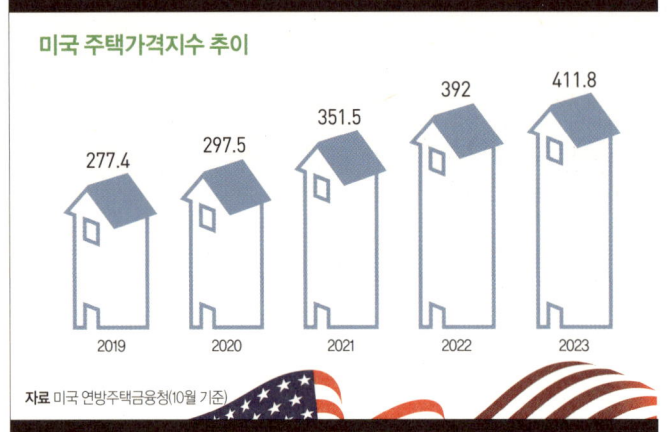

미국 주택가격지수 추이
- 2019: 277.4
- 2020: 297.5
- 2021: 351.5
- 2022: 392
- 2023: 411.8

자료: 미국 연방주택금융청(10월 기준)

> 66
> 세금 문제도 신경 써야 한다. 해외에서는 취득세가 없는 경우도 많기 때문에 취득 시 고려해야 할 세금 이슈는 크지 않다. 반면 보유나 처분 시에는 고려해야 할 세금 이슈가 많다.
> 99

로 예측했다. 그러나 실질소득이 인플레이션보다 빠르게 증가하는 경우 추가 구매력과 낮은 모기지 금리가 결합해 주택구입 능력, 주택판매 건수 및 가격이 상승할 수 있다고 봤다. 2025년부터 2027년까지 실질소득이 증가하면 주택가격은 현재 물가 상승률보다 약 1~2% 정도 다시 상승할 가능성이 크다.

미국 주택시장도 시장 불안정성으로 인해 시황을 예측하는 것이 쉽지는 않다. 가장 큰 변수인 모기지 금리를 예측하기 어렵기 때문이다. 따라서 현재의 미국 주택시장 또한 시황보다는 매물에 집중하는 전략이 필요해 보인다. 상승이 확실시되는 시장에서는 타이밍이 중요하지만 그렇지 않은 불확실한 시장에서는 매물의 중요성이 더욱 커지기 때문이다.

해외 부동산 투자의 유의점

인도 뭄바이 시내에는 아직도 길거리에서 용변을 보는 사람들을 심심치 않게 볼 수 있다. 이러한 도시인 뭄바이에서 아파트값이 3.3㎡당 1억원이 넘는 경우도 있다. 몇십억원이 넘는 집과 몇백만원 수준의 집이 공존한다. 이처럼 개발도상국에는 몇백만원 수준의 집이 있는 반면 몇십억이 넘는 집도 공존한다.

사회주의 국가 베트남도 마찬가지다. 어포더블(Affordable·저렴주택)이라 불리는, 근로자들도 구입할 수 있는 2000만원대의 아파트도 있는 반면, 국내 자산가들도 선뜻 매수하기를 주저하는 20억원대의 빌라도 분양하고 있다. 개발도상국의 경우 경제 규모가 크지 않아 과열과 침체를 반복할 수 있다. 따라서 성장성이나 가격대만을 가지고 투자하는 것은 바람직하지 않다. 오히려 국가 리스크가 거의 없는 선진국 시장으로 눈을 돌려보는 것도 좋은 대안이 될 수 있다. 해외부동산투자는 해외직접투자(Foreign Direct Investment, FDI)와 유사할 정도의 리스크 관리가 필요하다.

해외부동산 투자 과정에 반드시 지켜야 할 사항이 바로 '해외부동산 취득 신고'와 '외국환 거래법'이다. 해외부동산을 분양받거나 구매하기 전에 반드시 국내 은행의 지점에 해외부동산 취득신고를 해야 한다. 국내 거주자가 해외부동산을 취득할 경우 외국환은행장 또는 한국은행 총재에게 신고해 이를 수리받아야 하기 때문이다. 만약 해외부동산 취득신고를 하지 않으면 처벌을 받을 수 있다. 해외부동산 매매계약이 확정되기 전에 외국환은행장으로부터 예비신고수리를 받으면 취득 예정금액의 10% 이내로 해외부동산 취득대금을 합법적으로 송금할 수 있다.

다만 반드시 지정된 은행에서 환전을 하고 송금해야 한다. 불법 환치기를 하거나 유학 명목으로 송금해서 해외 부동산을 구매하는 경우에는 모두 외국환거래법 위반으로 당연히 처벌받는다.

세금 문제도 신경 써야 한다. 해외에서는 취득세가 없는 경우도 많기 때문에 취득 시 고려해야 할 세금 이슈는 크지 않다. 반면 보유나 처분 시에는 고려해야 할 세금 이슈가 많다. 해외주택은 월세를 받는 경우 주택 규모나 가격, 수와 상관없이 임대소득에 세금이 발생한다. 2000만원 이하인 경우에는 과세 방식을 선택할 수 있다. 초과하는 경우에는 종합과세 방식으로 세금을 신고 납부해야 한다. 처분(양도)소득에 대해서는 해외에서 세금을 낸 경우에도 국내 세금 계산 시 공제(차감)해 준다.

해외부동산투자에서 중요한 사항은 '환리스크'다. 화폐가치가 저평가된 국가에 투자하는 경우에는 환차익까지 거둘 수 있는 반면, 반대의 경우도 생길 수 있다. 개인투자자들은 금융시스템을 바꾸거나 금융정책을 결정할 수는 없다. 금융시장과 정책의 변화 속에서 어떻게 하면 자산보전과 증대를 할 것인지를 고민해야 한다. 특정 국가에 투자한 후 화폐가치가 떨어지면 부동산 가격의 변동이 없다 하더라도 환율 영향으로 손해를 볼 수도 있다. 반대의 경우는 이득이 된다. 따라서 궁극적으로 환율은 손익과 함께 매수와 매도 타이밍을 결정하는데 가장 중요한 요소가 된다.

개인마다 투자 목적이 다르고 현재 처해 있는 자산상황도 차이가 난다. 해외 부동산 투자를 고려할 때는 전문가 자문을 통해 투자 계획 단계부터 구조를 명확히 설계할 필요가 있다. 2024년 해외 부동산투자가 자산가들의 부동산투자 포트폴리오의 한 섹터가 되기를 기대한다.

*by*_심형석 미국 인터내셔널 아메리칸대(IAU) 교수

용어설명

환리스크

환율 변동에 따라 발생하는 위험. 예를 들어 달러화가 예상치 못하게 급격하게 상승하면 원화가치가 떨어지기 때문에 달러로 수입 계약을 맺은 업체는 원화로는 더 많은 금액을 지불해야 한다. 즉 수출입대금 결제 시 계약일로부터 결제일까지 환율 변동에 따른 위험이 발생할 수 있는 것이다. 이를 환리스크라고 한다.

미국 메릴랜드주 트래프의 주택 건설 현장.

CLOSING ───── POLICY ───── 정부 부동산 정책

서울 시내 한 은행에 주담대 관련 현수막이 붙어있다.

2024 금리 전망 & 대출 활용법

올 한 해의 끝이 보인다. 자산에 투자한 투자자나 투자하려고 기다리고 있는 예비 투자자들에게 중요한 것은 '앞으로 자산 가격이 어떻게 될 것이냐'다. 내년 금리를 주목해야 하는 이유다. 금리 전망에 앞서 금리가 무엇인지부터 알아야 한다. 금리는 '돈값'이다. 돈을 사용하는 데 드는 비용이다. 차를 빌리든, 방을 빌리든 다른 사람이 가진 무언가를 빌려서 쓸 때는 물건 혹은 서비스에 합당한 사용료를 낸다. 돈을 빌려 쓸 때도 마찬가지다.

시장에서 금리가 중요한 이유가 뭘까. 경제신문을 읽다 보면 '돈맥경화'라는 단어를 꽤 자주 마주친다. 피가 몸에서 제대로 돌지 않아 나타나는 현상인 '동맥경화'에서 나온 말로 돈이 시장에서 원활하게 돌지 않는 자금 경색 상황을 말한다. 돈은 자본시장에서 '피'다. 피를 원활하게 돌게 할지, 아니면 그렇지 않게 할지는 금리가 결정한다.

저금리 상황이 유지된 기간 집값은 어떻게 됐을까. 한국부동산원에 따르면 서울 평균 집값은 2020년 1월 8억7712만원을 기록했다. 이후 2021년 7월 11억930만원까지 폭등했다.

저금리시대 저물며 집값이 흔들리다

우리는 최근 4년 동안 금리가 낮을 때와 금리가 높을 때의 상황을 운 좋게(?) 함께 겪었다. 신종 코로나바이러스 감염증(코로나19) 사태가 터진 2020년 초, 감염병은 전 세계 대다수 사람의 발을 묶었다. 발이 묶이니 경제 상황도 악화했다. 각국 중앙은행은 경제 상황이 악화하는 것을 막기 위해 막대한 양의 돈을 시장에 풀었다. 통화량이 급증하면서 금리는 점차 내려갔다. 한국은행에 따르면 2020년 1월 연 1.25%였던 기준금리는 빠르게 하락해 2020년 5월 연 0.5%까지 낮아졌다. 이후 10차례의 통화정책회의가 열렸지만, 금리는 연 0.5%로 동결됐다. 저금리 상황이 유지된 기간 집값은 어떻게 됐을까. 한국부동산원에 따르면 서울 평균 집값은 2020년 1월 8억7712만원을 기록했다. 이후 2021년 7월 11억930만원까지 폭등했다. 11억원대로 껑충 뛴 평균 집값은 2022년 1월 11억5172만원까지 오르면서 최고점을 기록했다. 저금리와 유동성의 힘은 자산 가격을 밀어 올렸다.

마법 같은 저금리 시대는 2022년 2월부터 서서히 막을 내렸다. 지난해 2월 기준금리는 연 1.25%를 기록해 2020년 1월 수준 금리로 다시 올라왔다. 이어진 7차례 통화정책회의를 통해 기준금리는 연 3.5%까지 올랐고 올해 들어선 이 금리를 유지하고 있다. 금리가 올랐다는 것은 돈의 사용료가 늘었단 얘기다. 그동안 돈을 싼값에 쉽게 빌릴 수 있었다면 이제는 반대의 상황이 됐단 얘기다. 집값은 올랐지만, 돈을 조달하기 어려워지니 자연스럽게 가격도 흔들리기 시작했다. 11억원대로 올랐던 서울 평균 집값은 지난해 11월 10억9816만원을 기록해 10억원대로 내려왔다. 지난 4월엔 10억2297만원을 기록해 가격을 더 낮췄다.

미 중앙은행, 2024년 금리 더 올리진 않을 듯

내년 국내 금리를 살펴보려면 먼저 미국 금리부터 봐야 한다. 미국의 금리가 국내 금리에 지대한 영향을 미치기 때문이다. 미국 중앙은행(Fed)은 지난 1일(2023년 11월) 연방공개시장위원회(FOMC) 회의 후 시장 예상대로 연 5.25~5.50%인 현 기준금리를 동결하면서 금리 인상 가능성은 열어뒀다. 인플레이션이 빨라지면 금리를 올려서 돈줄을 더 죌 수 있다고 시사한 것이다.

하지만 시장은 Fed가 금리를 더 올리진 않을 것이라고 보고 있다.

최근 5년 서울 평균 집값

- 2019년: 8억2722
- 2020년: 8억9310
- 2021년: 11억5146
- 2022년: 10억6759
- 2023년(9월 기준): 10억4631

단위 만원 자료 한국부동산원 (12월 기준)

CLOSING ── POLICY ·········· 정부 부동산 정책

제롬 파월 미국 중앙은행(Fed) 의장.

시카고상품거래소(CME) 페드워치에 따르면 내년 1월 예정된 FOMC에서 금리를 동결할 확률은 97.8%에 달한다. 연 5.50~5.75%로 올릴 확률은 불과 0.2%다. 3월 예정된 통화정책회의에서도 동결 확률은 66.5%로 높다. 오히려 연 5.00~5.25%로 내릴 확률이 32.7%로 늘어난다. 이후 열릴 FOMC에서는 금리가 상승보다는 하락할 것이라는 확률이 늘어나는 모습이다. 다만 금리 인하는 Fed의 가시권에 있지 않다. 제롬 파월 Fed 의장은 "Fed는 금리 인하를 전혀 고려하고 있지 않다"고 말했다.

한국은행도 당장 11월 30일 열리는 금융·통화위원회(금통위) 통화정책결정회의에서 동결을 결정할 전망이다. 금융·통화위원회 의사록에 따르면 국내 금리를 두고 금통위원들은 고민이 깊어진 상황이다. 경기는 갈수록 침체하는 데다 부동산 프로젝트파이낸싱(PF) 부실 등으로 금리를 쉽게 올릴 수 없어서다. 급증하는 가계부채, 유가, 물가 등을 고려하면 내리기도 어렵다. 미국이 일단 금리 인상 가능성을 낮추면서 한은 역시 인상 압박 요인이 줄었지만, 국내 금리가 미국을 따라갈 수 있을지는 지켜봐야 한다. 미국과 한국의 경제·금융 여건은 차이가 있어서다. 배문성 라이프자산운용 이사는 "내년 미국 금리는 현 수준을 중심으로 소폭 등락할 것으로 예상한다"고 설명했다.

금리가 오르는 것은 멈췄지만 여전히 높은 수준의 금리가 유지될 것

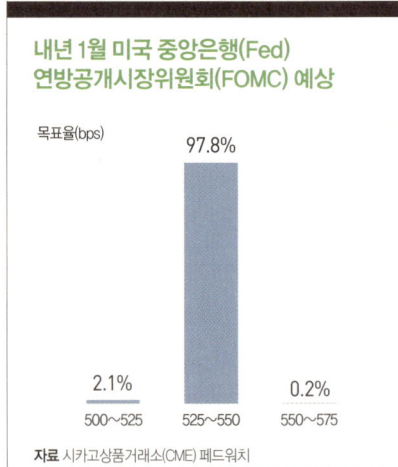

내 집 마련 자금 지원 대출 상품 비교

구분	디딤돌 대출	특례보금자리론	보금자리론
대출 금리	연 2.15 ~ 3.00%	연 4.25 ~ 4.55%(우대형 4.15 ~ 4.45%)	연 4.15 ~ 4.55%
대상 요건	무주택 가구주	무주택, 1주택	무주택, 처분 조건 1주택
소득 요건	부부 합산 연 6000만원 이하(생애 최초, 신혼, 2자녀 이상 7000만원)	제한 없음	연 7000만원 이하
자산 요건	부부 합산 5억600만원 이하	제한 없음	제한 없음
주택 가격	5억원 이하(신혼, 2자녀 이상 6억원)	9억원 이하	6억원 이하
대출 한도	2억5000만원(생애 최초 최대 3억원, 신혼, 2자녀 이상 4억원)	5억원	3억6000만원 (생애 최초 부부 4억2000만원)
LTV	70%(생애 최초 80%)	비규제, 실수요자 70% 규제 60%(생애 최초 80%)	비규제 70% 규제 60%
DTI	60%	비규제, 실수요자 60% 규제 50%(생애 최초 60%)	비규제 60% 규제 50%

이란 얘기다. 금리 상승이 멈췄으니 집을 살 수 있을까. 그렇지 않다. 매달 수백만원씩의 이자를 감당하면서 집을 매수할 수 있는 실수요자들은 많지 않다. 그럼에도 여전히 우리 사회엔 집을 가지지 못해 불안에 떨고 있는 무주택자들이 많다. 높은 금리에도 집을 사야겠다면 굳이 시중은행 상품을 이용할 필요가 없다. 정부에서 지원하는 상품을 통해 자신의 상황에 맞는 현명한 소비를 하면 된다.

나에게 꼭 맞는 내 집 마련 대출 상품

내 집 마련에 관심이 있는 무주택자들은 한 번은 들어본 상품이 있다. 디딤돌대출과 버팀목대출이다. 디딤돌대출과 버팀목대출은 정부에서 지원하는 대출 상품으로 집을 살 때 혹은 전세보증금을 마련할 때 이용할 수 있다. 디딤돌대출은 내 집 마련을 위해 집을 매수할 때 사용하고 버팀목대출은 전세 계약을 할 때 보증금 마련에 쓰는 상품이다.

디딤돌대출은 정부가 지원하는 3대 서민 구입자금을 하나로 통합한 저금리의 구입 자금 대출이다. 대출은 세대주를 포함한 세대원 전원이 무주택자인 경우 받을 수 있다. 분양권과 입주권 등을 보유하고 있다면 무주택자로 보지 않는다. 부부가 합쳐 연 6000만원 이하를 벌어야 한다. 태어나서 처음 집을 사거나 자녀가 2명 이상 있는

금리가 오르는 것은 멈췄지만 여전히 높은 수준의 금리가 유지될 것이란 얘기다. 금리 상승이 멈췄으니 집을 살 수 있을까. 그렇지 않다.
매달 수백만원씩의 이자를 감당하면서 집을 매수할 수 있는 실수요자들은 많지 않다.

가구, 신혼부부의 경우 연 소득 기준이 8500만원 이하로 조금 더 높다. 순자산 가액은 5억600만원(2023년 기준) 이하다.

대출이 가능한 주택 기준도 있다. 전용 85㎡ 이하 주택이어야 한다. 수도권을 제외한 도시지역이 아닌 읍 또는 면에 있다면 전용 100㎡ 이하 주택이다. 대출을 신청할 때 담보가 되는 주택의 평가액이 5억원 이하여야 한다. 자녀가 2명 이상 있거나 신혼부부라면 평가액 한도가 6억원 이하로 올라간다.

대출 금리는 연 2.45~3.55%다. 소득 수준과 빌리는 기간에 따라 금리가 조금씩 달라진다. 금리는 고정금리 또는 5년마다 바뀌는 변동금리다. 장애인 가구, 다문화 가구 등은 금리 우대도 받을 수 있다. 기간은 10년, 15년, 20년, 30년으로 나뉘어 있다.

한도는 일반 무주택자의 경우 2억5000만원 이내다. 생애 최초 주택 구입자는 3억원 이내, 신혼가구나 2자녀 이상 가구는 4억원 이내다. 물론 담보인정비율(LTV) 70%와 총부채상환비율(DTI) 60%라는 한도가 있다. LTV의 경우 생애 최초 구입자는 80%까지 올라간다.

전세 자금을 마련하려면 버팀목 전세자금 대출 상품을 이용하면 된다. 부부합산 연소득이 5000만원 이하면 대출이 가능하다. 자녀가 2명 이상이면 6000만원, 신혼가구라면 7500만원까지 소득이 올라간다. 당연히 무주택자여야 가능하고 순자산 가액이 3억6100만원 이하여야 한다.

빌리는 집의 면적이 전용 85㎡ 이하여야 한다. 셰어하우스(채권양도협약기관 소유 주택에 한함)에 입주하는 경우라면 예외적으로 면적 제한이 없다. 보증금은 일반·신혼가구의 경우 수도권에서 3억원, 그 밖의 지역에선 2억원이다. 자녀가 2명 이상 있다면 수도권에서 4억원, 그 밖의 지역에서 3억원이다.

버팀목 전세자금 대출 금리

부부합산 연소득	임차보증금 3억원 이하
~ 2000만원 이하	연 1.8%
2000만원 초과 ~ 4000만원 이하	연 2.1%
4000만원 초과 ~ 6000만원 이하	연 2.4%
6000만원 초과 ~ 7500만원 이하	연 2.7%

자료 국토교통부

신생아 특례 구입·전세자금 대출(안)

출산하는 임차가구의 주거 안정을 위해 저리 전세자금 대출을 신설하고, 기존 대비 소득요건 2배 이상 상향*
(기존) 미혼·일반 5000만원, 신혼 6000만원 이하 → (특례) 출산가구 1.3억원 이하*

구분	구입자금 대출		전세자금 대출	
	기존(신혼·생초)	특례	기존(신혼)	특례
소득	7000만원 이하 (8.5천만원 상향 예정)	1.3억원 이하	6000만원 이하 (7.5천만원 상향 예정)	1.3억원 이하
자산	5.06억원 이하	5.06억원 이하	3.61억원 이하	3.61억원 이하
대상주택	주택가액 6억원 이하	주택가액 9억원 이하	보증금 수도권 4억원, 지방 3억원 이하	(보증금) 수도권 5억원, 지방 4억원 이하
대출한도	4억원	5억원	3억원	3억원
소득별 금리(%) ※1자녀 기준	8.5천 이하 / 8.5천~1.3억	1.85~3.0 / 이용불가	1.6~2.7 / 1.6~2.7	7.5천 이하 / 7.5천~1.3억	1.2~2.4 / 이용불가	1.1~2.3 / 2.3~3.0

*적용금리, 지원대상 등 세부 지원조건은 시장 상황 등에 따라 변동 가능
자료 국토교통부

대출 금리는 연 2.1~2.9%다. 차주의 소득 수준과 임차 보증금 규모에 따라 금리가 조금씩 다르다. 연소득 4000만원 이하 기초생활수급권자, 연소득 5000만원 이하 한부모가구, 장애인, 노인부양, 다문화, 고령자가구 등은 금리 우대를 받을 수 있다.

가구당 대출한도는 일반 가구의 경우 수도권에서 1억2000만원, 수도권 외 지역에선 8000만원이다. 자녀가 2명 이상 있다면 수도권에서 3억원, 이 밖의 지역에선 2억원이다. 대출 비율은 신규 계약일 때 일반 가구는 전세 보증금의 70% 이내, 신혼가구나 2자녀 이상 가구는 전세 보증금의 80% 이내다. 갱신 계약이라면 일반 가구는 증액 금액 이내에서 증액 후 총보증금의 70% 이내, 신혼이나 2자녀 이상 가구는 증액 금액 이내에서 증액 후 총보증금의 80% 이내다. 대출 기간은 2년으로 4회까지 연장할 수 있고 최장 10년까지 쓸 수 있다.

2024년 1월부터 시행되는 신생아 특례대출

정부가 한시적으로 운영하는 대출 상품도 있다. 올해는 특례보금자리론과 50년 만기 주택담보대출 등이 있었는데 내년엔 신생아 특례대출 상품이 나온다. 내년 1월 시행 예정이다. 국회 예산정책처가 발간한 국토교통위원회 국토부 예산안 분석자료에 따르면 전체 구입자금 대출 예상액 34조9000억원 가운데 신생아 특례대출 구입자금으로 26조6000억원이 투입될 것으로 보인다.

신생아 특례대출은 정부가 시행 예정인 정책금융상품이다. 저출산을 극복하기 위해 나왔다. 9억원 이하 주택을 구입할 때 연 1.6~3.3% 금리로 최대 5억원 한도까지 대출이 가능하다. 연소득 1억3000만원 이하, 자산 5억600만원 이하 무주택 가구가 지원 대상이다. 소득에 따라 금리가 달라진다. 금리는 대출이 실행된 이후 5년간 유지된다. 대출받고 다음 아이를 낳으면 금리는 1명당 0.2%p 더 내려간다. 금리 적용 기간은 5년 추가된다. 특례보금자리론과 대출한도는 같은데 금리가 소득에 따라 최대 3.35%p 낮다. 올해 39조6000억원이 투입된 일반형 특례보금자리론은 중단되기 직전 금리가 연 4.65~4.95%로 신생아 특례대출보다 높았다. 특례보금자리론에 비해 지원 대상 폭이 줄었다. 출산 여부, 자산, 소득 기준 등은 특례보금자리론에는 적용되지 않았던 조건이다.

by_이송렬 한경닷컴 기자

서울 시중 은행에 붙은 전세 대출 안내문.

전세 자금을 마련하려면 버팀목 전세자금 대출 상품을 이용하면 된다. 부부합산 연소득이 5000만원 이하면 대출이 가능하다. 자녀가 2명 이상이면 6000만원, 신혼가구라면 7500만원까지 소득이 올라간다.

CLOSING ─── LIST ·········· 전세 계약 전 필수 확인사항

전세보증보험 한눈에 비교하기

	주택도시보증공사 (HUG)	서울보증보험 (SGI)	한국주택금융공사 (HF)
보증 금액	수도권 7억원 이하, 지방 5억원 이하	아파트 제한 없음. 일반 주택 10억원 이내, 보증금일부보증 불가	수도권 7억원 이하, 기타 5억원 이하
보증 한도	주택가격−선순위채권	주택가격≥선순위채권 +선순위전세보증금	주택가격−선순위채권
보증 기간	보증서 발급일로부터 계약만료일 후 1개월	계약기간+30일	계약 종료일+1개월
보증료	연 0.122~0.128% (2억원 초과 아파트)	연 0.192%	연 0.04%
점유율	92.8%	5.3%	1.9%
특징	주인 전세 가능	보증한도가 가장 큼	전세자금대출과 결합시 이용 가능
가입 기간	계약 기간의 1/2 경과 전	계약 후 10개월 이내	계약 기간의 1/2 경과 전
가입 대상	노인복지주택	도시형생활주택	도시형생활주택 · 노인복지주택
	단독, 다가구, 연립, 다세대, 주거용 오피스텔, 아파트		
	공인중개사가 중개한 계약 · 확정일자 · 전입신고 필수		

자료 각사

집주인이 해야 할까? 세입자가 해야 할까?

Q1 방범창과 도어록 설치 비용, 집주인에게 청구할 수 있을까요?
기존 시설을 수리하는 것이 아닌 새롭게 설치하는 경우라면 비용을 청구할 수 없습니다.

Q2 보일러가 고장났어요! 집주인을 불러야겠죠?
임대인인 집주인이 고쳐줘야 합니다.

Q3 형광등 불은 세입자가 가는 게 맞죠?
형광등은 세입자 비용으로 갈아야 하는 소모품입니다.

Q4 누수 피해가 생겼습니다, 집주인에게 청구하면 되나요?
윗집 주인에게 손해배상을 청구할 수 있습니다.

집주인이 부담해야 하는 것
수선 의무를 가진 집주인 임차인이 사용에 필요한 상태를 유지하게 할 의무가 있어요.
- ✓ 세면대, 변기, 싱크대, 도어락
- ✓ 옵션 가전 제품

세입자가 부담해야 하는 것
세입자의 관리 소홀이나 부주의로 고장이나 이상이 생긴 경우는 세입자가 책임져요!
- ✓ 셀프인테리어 원상 복구
- ✓ 에어컨 배관 구멍
- ✓ TV 타공 자국

자료 국토교통부

전세계약 핵심! 체크리스트

계약 전

주택상태	☐ 건축물대장 열람	· 불법·무허가 주택 여부 확인
	☐ 현장 확인	· 임대인에게 하자보수 요청
매매가 대비 적정 전세가율	☐ 실거래가 및 적정 시세 체크	· 보증금을 돌려받지 못할 위험 예방
	☐ 물건지 인근 복수의 중개업소 방문	
	☐ 지역별 전세가율 체크	
선순위 권리관계	☐ 등기부등본 확인	· 보증금 안전 여부 확인
	☐ 다가구주택의 경우 선순위보증금 확인	
임대인 세금 체납 여부	☐ 국세, 지방세 미납 내역 확인	· 보증금을 돌려받지 못할 위험 예방

계약 체결 시

임대인(대리인) 신분	☐ 신분증, 위임장·인감증명서	· 계약자 본인 여부 확인
공인중개사 정상 영업 여부	☐ 국가공간정보포털→부동산중개업 조회	· 적법한 중개로 위험 계약 체결 방지
주택임대차 표준계약서 활용	☐ 법무부 주택임대차법령정보 또는 국토교통부 주택임대차신고에서 다운로드 후 공인중개사나 임대인에게 사용 요청	· 권리보장 특약 명시

계약 체결 후

임대차 신고	☐ 부동산거래관리시스템 또는 관할 주민센터 방문	· 법적 의무(부동산거래신고법 제6조의2, 계약 후 30일 이내 확정일자 자동 부여)

잔금 및 이사 후

권리 관계	☐ 인터넷 등기소 또는 인터넷 등기소 앱에서 등기부등본 확인	· 계약 체결 후 권리변동사항 확인
전입 신고	☐ 정부24나 관할 주민센터 방문	· 법적의무(주민등록법 제11조, 전입 후 14일 이내 대항력 확보)
전세보증금 반환 보증 가입	☐ 보증기관에 문의하여 가입	· 보증금 미반환 위험 해소

자료: 각사

CLOSING — TREND ① 　비아파트 시장 현황

"한땐 아파트 못지 않았는데"
···비아파트, 어찌하오리까

비(非)아파트 시장이 가라앉고 있다. 주택시장 침체와 함께 매매가가 떨어진 데다 임대차 시장에서도 '전세 사기' 여파로 관심이 떨어졌다. 주거가 가능한 비아파트는 다세대·연립으로 총칭되는 '빌라'를 비롯해 오피스텔, 생활형숙박시설 등이 해당된다. 과거에는 다주택자들의 쏠쏠한 '연금'으로 불리면서 '수익형 부동산' 노릇을 했지만, 이제는 상황이 달라졌다.

전세 사기의 직격탄을 맞은 곳은 빌라다. 세입자들은 불안한 '빌라 전세' 대신 소형 아파트로 갈아타고 있다. 덕분에 소형 아파트 전월세 거래량은 늘고 있다. 국토교통부 실거래가 자료에 따르면, 올해 1~10월 서울 전용면적 60㎡ 이하 소형 아파트 전월세 거래량은 11만4962건으로 관련 통계를 집계하기 시작한 2011년(1~10월 기준) 이후 가장 많았다. 서울 소형 아파트 전월세 거래량은 2018년 5만9936건, 2019년 6만6463건, 2020년 7만9128건, 2021년 9만4074건, 2022년 11만202건 등으로 증가했다.

반면 서울 비아파트 전세 거래량은 줄고 있다. 서울부동산정보광장에 따르면 올해 3분기(7~9월) 비아파트(단독·다가구·연립·다세대·오피스텔) 전세 거래량은 3만1002건으로 지난해 같은 기간 거래량인 4만213건에 비해 22.9%나 줄었다. 2021년 3분기(4만8295건)와 비교해도 감소한 수준이다. 특히 월별로는 10월 빌라 전세 거래량은 3393건을 기록하면서 2020년 1월 이후 가장 낮았다. 이는 거래량이 가장 많았던 2021년 7월의 7778건보다 4385건(56.4%) 줄어든 수치이고, 전년 동월(5735건)보다도 2342건(40.8%) 감소했다.

이러한 아파트 쏠림에 비아파트 소유자들이 뭉쳐 대책을 촉구하고 나섰다. 전국레지던스연합

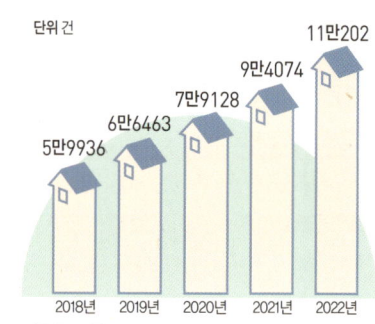

서울 소형 아파트 전월세 거래량
단위 건
- 2018년 5만9936
- 2019년 6만6463
- 2020년 7만9128
- 2021년 9만4074
- 2022년 11만202

자료 국토교통부

2023년 1~10월 서울 전용면적 60㎡ 이하 소형 아파트 전월세 거래량은 11만4962건으로, 관련 통계를 집계하기 시작한 이후 가장 많은 것으로 나타났다.

회, 전국오피스텔협의회, 전국임대인연합회는 '전국 비아파트 총연맹'을 결성하고 단체 행동에 나섰다. 국내 주거시장 2300만가구 중 절반인 1160만가구가 비아파트인데, 아파트 일변도의 주택정책에서 소외되고 있다는 인식에서다.

전국 비아파트 총연맹은 우선 빌라 전세사기·역전세 여파로 급격히 축소된 주택도시보증공사(HUG) 전세금반환보증 제도 현실화를 요구하고 있다. 현재 HUG 전세보증보험 가입 기준이 되는 주택 기준가격이 '공시지가의 140%'로 시장 실거래가보다 과도하게 낮다는 것이다. 정부는 전세보증보험 가입한도를 공시가격의 150%에서 '126%'로 축소한 뒤, 이를 다시 140%로 완화했다.

또한 임대인과 임차인 상생안으로 보증금 반환 목적의 임대인 대출 규제 완화, 주택임대사업자의 임대사업 의무기간 내 주택 매각 시 부과되는 3000만원의 징벌적 과태료와 세금 추징 면제 등을 주장하고 있다. 생활형숙박시설에 대해서는 주거 허용 요구가 거세다.

정부도 마냥 손을 놓고 있는 것만은 아니다. 지난 9월 주택공급 활성화 방안으로 연립·다세대·오피스텔 등 비아파트 공급을 위해 청약에서 무주택자로 간주하는 소형주택 범위를 8년 만에 확대했다. 소형주택이 서민 주거사다리 역할을 하는 만큼 추후 청약 시 불이익이 없도록 하기 위해서다.

2023년 11월 10일부터 전용면적 60㎡ 이하 소형주택 보유자를 청약 때 무주택으로 간주하는 정책이 시행됐다. 이날 이후 입주자 모집 승인을 신청하는 아파트 단지부터 적용됐다. 기존에는 전용 60㎡ 이하 소형주택 기준가격(공시가격)이 수도권은 1억3000만원, 지방은 8000만원이어야 무주택자로 인정받을 수 있었다. 이 기준가격이 수도권 1억6000만원, 지방 1억원으로 올라갔다. 무주택자 간주 청약 대상도 민영주택 일반공급에서 민영·공공주택 일반·특별공급으로 확대됐다.

쉽게 말해 시세 2억4000만원 정도의 빌라나 도시형생활주택을 보유하고 있더라도 청약 때 무주택자 자격으로 생애최초 특별공급에 신청할 수 있다는 뜻이다. 청년층이 결혼 전이나 신혼 때 소형주택을 샀다가 아파트 청약에서 불이익을 당하는 일이 없도록 하고, 비아파트 공급을 활성화하기 위한 정책이다. 오피스텔의 경우 지금도 청약 때 주택 수에 포함되지 않는다.

*by*_김하나 한경닷컴 기자

비아파트 전세 거래량

4만213건
22.9% ↓
3만1002건

2022년 3분기(7~9월)　　2023년 3분기(7~9월)

전세 사기의 직격탄을 맞은 곳은 빌라다. 세입자들은 불안한 '빌라 전세' 대신 소형 아파트로 갈아타고 있다. 덕분에 소형 아파트 전월세 거래량은 늘고 있다.

CLOSING ─── TREND ② ·········· 분양가 상한제

상승하는 분양가…
서울·분상제 지역만 '대박' 행진

(분양가 상한제)

아파트 분양가가 상승 중이다. 전문가들은 2024년에도 이 같은 상승세가 지속될 것으로 보고 있다. 고금리, 고물가에 공사비 상승까지 이어진 데다 분양가를 통제할 수 있는 '분양가 상한제'마저 유명무실한 상황이 됐기 때문이다.

예비 청약자들은 분양가에 부담을 느끼면서 청약통장을 아끼고 있다. 청약 전반적으로는 경쟁률이 떨어지고, 미계약 및 미분양이 늘어나고 있다. 하지만 집값이 오르리라는 기대감이 있는 서울과 분양가 상한제를 적용받는 2기 신도시를 비롯한 공공택지에서는 여전히 높은 경쟁률을 유지하고 있다.

아파트 분양가 계속 오르는데…서울만 '승승장구'

서울의 민간 아파트 3.3㎡(평)당 평균 분양 가격이 3200만원을 돌파했다. 주택도시보증공사(HUG)에 따르면 9월 말 기준 서울 민간아파트 평균 분양가는 ㎡당 969만7000원, 3.3㎡당 3200만원으로 집

분양가상한제 적용 단지 비율
41.1% → 20%
2022년 / 2023년
자료: 부동산인포(1~9월 기준)

민간 아파트 3.3㎡당 평균 분양가
1486만6000원 → 1657만5000원
11.5%
2022년 / 2023년
자료: 주택도시보증공사(1~9월 기준)

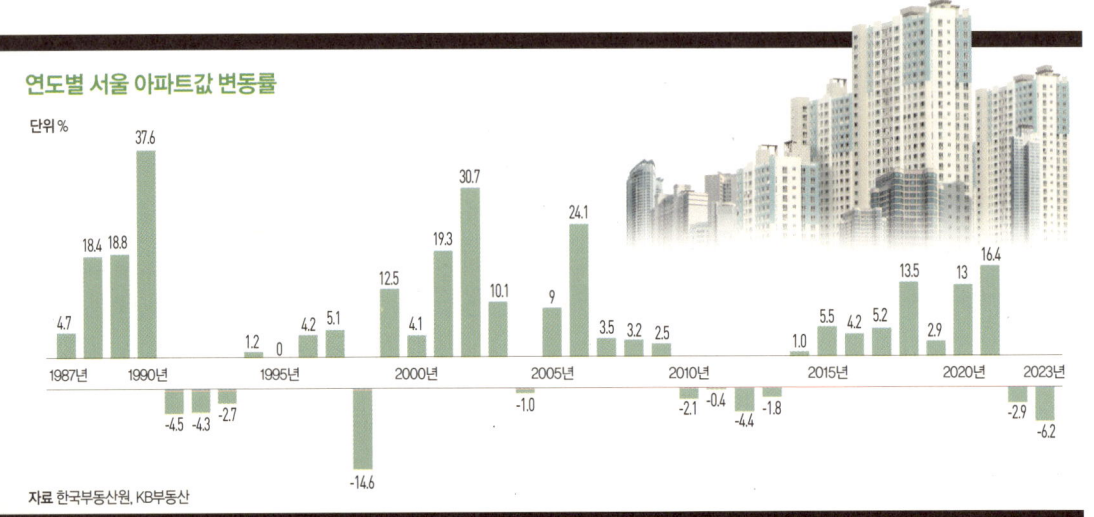

연도별 서울 아파트값 변동률 (단위 %)
자료: 한국부동산원, KB부동산

서울 인왕산에서 바라본 서울 시내 아파트와 주택 모습.

계됐다. 서울 아파트 평균 분양가는 전월 대비 0.65% 올랐고, 1년 전과 비교해서는 14.05%나 상승했다.

HUG가 발표하는 월별 평균 분양 가격은 공표 직전 12개월 동안 분양보증서가 발급된 민간 분양사업장의 평균 분양 가격을 의미한다. 서울 아파트 3.3㎡당 평균 분양가는 올해 3월부터 4개월 연속 상승했다가 8월 전월 대비 0.41%p 하락한 3179만5500원을 기록했다. 하지만 9월에는 다시 0.65%p 오르면서 3200만원을 돌파하게 됐다. 이러한 와중에 서울의 미분양 아파트는 소진되고 있다. 강북에서 다소 고가로 여겨졌던 아파트들이다. 이유는 서울의 아파트값은 꾸준히 오른다는 믿음 때문이다. 실제 서울 아파트 가격은 지난 37년간 연평균 6.7% 상승한 것으로 나타났다.

부동산시장 분석업체인 부동산인포가 KB국민은행 월간 시계열 자료(지난 10월 기준)를 분석한 결과에 따르면 37년 중 11년은 전년 대비 하락했으나 대체로 그 폭이 5% 미만이었으며, 나머지 해는 상승했다. 1986년 1월에 서울 아파트를 매수해 보유 중이라면 가격은 그

> 용어설명

분양가 상한제

아파트 분양가를 산정할 때 택지비와 기본형 건축비, 가산비 등에 연동시켜 책정함으로써 수요자들이 일정부분 원가를 알아볼 수 있도록 하는 방식이다. 땅값은 "감정가+α"로 산정하고 건자재값 변동을 감안한 건축비에 가산비를 더해 주택건설업체가 분양가를 정하면 지방자치단체의 심의를 받아 결정된다.
재개발이나 재건축 아파트, 주상복합아파트에도 분양가상한제가 적용되고 있다.

CLOSING ── TREND ② 분양가 상한제

2023년 1순위 청약경쟁률이 가장 높았던 동탄 레이크파크 자연앤 e편한세상 조감도. 1순위 청약에 13만 명 넘게 몰렸다.

새 약 6.1배 뛰었다. 전국 아파트 가격 평균 상승률(4.6배)을 웃도는 실적이다. 2016년 1월에 매수했다면 그때보다 자산이 약 1.5배 불어났을 것으로 추산된다. 가격이 가장 고점이었던 시기는 작년 7월로 나타났다.

전년 대비 집값이 하락한 경우는 11번에 불과했다. 외환위기였던 1998년(-14.6%)을 제외하면 모두 집값 하락 폭이 5% 미만이었다. 2022년에는 2.9% 떨어졌지만, 올해 9월(0.2%)부터는 반등하기 시작했다.

지난 37년 중 25년은 서울 아파트 가격이 상승했다. 2001년(19.3%), 2002년(30.7%), 2003년(10.1%), 2006년(24.1%)은 상승률이 두 자릿수를 기록했다. 2020년(13.0%)과 2021년(16.4%)에도 높은 상승률을 보였다.

서울이 아니라면…분양가 상한제 지역이라도

서울 청약은 높은 경쟁률을 유지 중이다. 2023년 1~10월 서울 아파트 청약 경쟁률은 66.4 대 1로, 전국 평균(12.0 대 1)보다 5배 이상 높았다.

서울 외에 청약이 호조를 보이는 곳은 공공택지다. 10월까지 서울을 제외한 청약 경쟁률이 가장 높았던 10개 단지 가운데 7개 단지가 공공택지였다. 공공택지 7개 단지의 1순위 평균 경쟁률만 102 대 1에 달했다.

1순위 청약건수 비중도 역대 최고치까지 올라왔다. 부동산원 데이터에 따르면 1~9월까지 전국에서 접수된 1순위 청약통장은 57만5351건이며 이 중 서울은 19만3412건이었다. 전국 1순위 청약 접수건에서 서울 지역 1순위 청약 접수가 차지하는 비중은 33.6%를 기록했다. 같은 기간 기준 이전까지 최다 비중은 2009년(15.2%)이었지만, 올해는 2배 이상을 기록한 것이다. 1순위 접수 건수만 놓고 봐도 지난해 같은 기간보다 5배 이상(3만7338건→19만3412건) 늘었다.

서울 외에 청약이 호조를 보이는 곳은 공공택지다. 10월까지 서울을 제외한 청약 경쟁률이 가장 높았던 10개 단지 가운데 7개 단지가 공공택지였다. 공공택지 7개 단지의 1순위 평균 경쟁률만 102 대 1에 달했다.

올해 1순위 청약경쟁률이 가장 높았던 단지는 '동탄레이크파크 자연& e편한세상'의 1순위 청약이었다. 554가구 모집에 13만3042명이 몰려 평균 240.15 대 1의 경쟁률을 기록했다. 올해 전국에서 공급된 단지 중 최다 청약 접수 기록을 세웠다. 공공택지에 아파트가 들어서 분양가 상한제가 적용돼 주변 아파트보다 2억~3억원 저렴한 '로또 청약'으로 불렸다.

공공택지인 인천 '검단신도시 롯데캐슬 넥스티엘'도 1순위 평균 111.51 대 1로 청약을 마감했다. 3위는 강동구 천호뉴타운에 위치한 'e편한세상 강동 프레스티지원'으로 85.9 대 1의 경쟁률을 기록했다. 지방 공공택지 인기도 높았다. 4위에는 전북 전주시 '에코시티한양수자인디에스틴'으로 85.39 대 1을 기록했다. 이어 경기 평택 '호반써밋 고덕신도시 3차'(82.33 대 1) '청주 신영지웰 푸르지오 테크노폴리스 센트럴'(73.75 대 1), '둔산자이아이파크'(68.67 대 1), '운정 자이 시그니처'(64.31 대 1), '더샵 강동센트럴시티'(59.3 대 1), 청주 '해링턴 플레이스 테크노폴리스'(57.59 대 1) 등의 순으로 나타났다. 천호뉴타운 2곳과 둔산자이아이파크를 제외한 7곳이 분양가상한제가 적용된 공공택지에서 분양된 아파트다.

양지영 양지영R&C연구소장은 "앞으로 분양가 상승이 불가피하면서 공공택지 내 분양가상한제 적용 아파트 인기는 더 높아질 것"이라며 "특히 정부가 추진 중인 분양가 상한제 아파트 실거주 의무 제도 폐지가 시행되면 이러한 양상은 더 뚜렷해질 것"이라고 말했다.

by_김하나 한경닷컴 기자

2023년 공공택지 청약경쟁률 TOP10

순위	아파트명	1순위 경쟁률
1	동탄 레이크파크 자연앤 e편한세상	240.15
2	검단신도시 롯데캐슬 넥스티엘	111.51
3	e편한세상 강동 프레스티지원*	85.9
4	에코시티 한양 수자인 디에스틴	85.39
5	호반 써밋 고덕 신도시3차(A49)	82.33
6	신영 지웰 푸르지오 테크노 폴리스 센트럴(S1)	73.75
7	둔산 자이 아이파크*	68.67
8	운정 자이 시그니처(A19)	64.31
9	더샵 강동 센트럴시티*	59.3
10	해링턴 플레이스 테크노 폴리스(S2)	57.59

*민간 택지

"입주하기가 겁나요"… 부실공사와 사전 점검

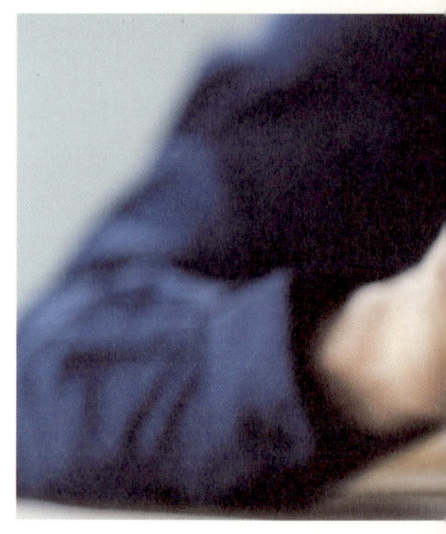

청약에 당첨되고 일상을 지내면서 입주만을 기다리던 시대는 지났다. 2023년 부동산 시장을 생각지도 못하게 흔들었던 이슈는 '부실공사'였다. 이제는 입주민들이 부실공사부터 미시공된 아파트의 하자까지 살펴봐야 하는 시대가 됐다. 수요자들의 눈높이가 높아지면서 '집의 품질'을 따지고 있다. 시행·시공사들도 이러한 눈높이에 맞춰 관리·감독해야 한다는 목소리가 높다.

지난 4월 인천 검단아파트 지하주차장 붕괴사건이 발생했다. 정부는 GS건설에 영업정지 10개월 등 설계·시공·감리업체에 대한 행정처분을 추진했지만, 현행법상 발주청인 한국토지주택공사(LH)를 대상으로 한 처분은 명확한 규정이 없는 상태다.

> 사전 점검은 시설물, 구조 등을 확인하는 것이 주요 항목이다. 시설물은 공원, 주차장, 전기, 수도 등이 있으며, 이들 시설물이 안전하게 작동하는지 확인해야 한다.

하자 여부 미리 점검하는 아파트 사전 점검

이러한 와중에 LH가 공급하는 공공주택 가운데 전단보강근(철근)이 제대로 설치되지 않은 아파트는 총 23곳으로 확인됐다. 국토교통부가 무량판 구조를 적용한 민간아파트 378곳을 전수 조사한 결과 부실시공 단지는 없었지만, LH가 시행하는 103개 단지 중 철근이 제대로 설치되지 않은 단지는 총 23곳이 발견됐다. 서울주택도시공사(SH)와 경기주택도시공사(GH) 등 지방자치단체 주택도시공사가 시행한 무량판 적용 아파트 49개 단지도 부실 시공은 없는 것으로 파악됐다. LH가 토지를 제공하고 민간에서 설계와 건설, 분양을 담당하는 LH 민간참여사업 현장에서도 부실시공은 없었다.

LH로부터 제출받은 국정감사 자료에 따르면 LH가 공급하는 신규 공공주택의 입주자 사전 점검 지적 건수는 2019년 42만9481건, 2020년 59만7700건, 2021년 42만4916건, 2022년 67만9433건, 2023년 37만708건(9월 기준)에 달했다. 가구당 하자 지적건수는 2019년 9.2건, 2020년 10.3건, 2021년 9.9건, 2022년 11.9건, 2023년 13.3건(9월 기준)으로 증가했다.

LH는 2020년 1월 주택법이 개정되면서 입주예정자가 입주 시작 45일 전까지 2일 이상 방문해 신축 공동주택의 하자 여부를 미리 점검하고, 시공사에 보수를 요청할 수 있도록 했다. LH는 입주 고객 품질서비스 용역(LH Q+)을 통해 입주자 사전 점검 기간 동안 입주자가 점검을 못 할 시 매니저를 통해 입주자 대신 해당 세대의 하자 여부를 미리 점검하고 있다.

그런데 '최근 3년 장기임대주택 입주자 사전 점검 가구당 평균 지적 건수를 보면 입주예정자가 가구당 4.5건 하자를 지적했다. 동안 매니저는 가구당 고작 2.1건 하자를 지적했다. 입주예정자들이 직접 지적하는 건수의 절반에도 못 미치고 있는 실정이다. 3년간 517억원의 예산을 들여 매니저 5만450여 명을 투입했지만 사전 점검이 부실하게 이뤄지고 있다는 지적이 제기된다.

아파트 사전 점검이란, 아파트 입주 시 아파트 내부의 하자가 최소화되도록 사전 방문해 점검하는 것을 말한다. 입주예정자가 신축 공동주택의 고장이나 하자 여부를 미리 점검하고 보수를 요청해 양질의 주택을 공급받도록 하는 취지의 제도다. 사전 점검은 시설물, 구조 등을 확인하는 것이 주요 항목이다. 시설물은 공원, 주차장, 전기, 수도 등이 있으며, 이들 시설물이 안전하게 작동하는지 확인해야 한다. 구조는 지붕, 벽, 바닥 등을 포함해 구조물들이 깨끗하고 안전한지 확인해야 한다.

LH가 공급하는 신규 공공주택의 입주자 사전점검 지적 건수

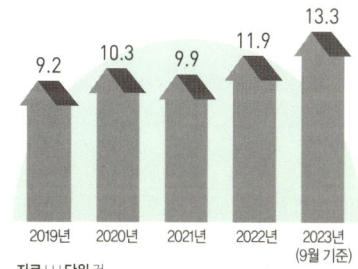

가구당 하자 지적건수

CLOSING — TREND ③ 입주 전 사전점검

사전 점검 시 꼭! 챙겨야 할 체크리스트

현관	• 현관 문틀 주변에 녹이 없는지 확인			
	• 현관문이 잘 닫히는지 확인			
	• 현관문을 닫았을 때 상하부의 닫힘 상태가 양호한지 확인			
	• 현관문이 닫힌 상태에서 흔들어서 덜컹거리는지 확인			
	• 현관수납장 원 상태 점검			
	• 도어록 작동 상태			
	• 현관문 도장 상태			
	• 현관 바닥재가 깨졌는지 확인			
	• 바닥구배, 파손, 줄눈 상태			
	• 모든 수도꼭지를 잠그고 나서 수도계량기가 돌아가는지 확인			
	• 소화전함에 분말소화기가 설치됐는지, 호스와 수도전 등 부수기구들은 제대로 사용할 수 있는지 확인			
	• 건강에 해로운 유해화학물질 피부와 호흡으로 확인			
	천장	전등	외관상태(부착상태, 파손유무 등) 이상 유무, 자동센서 작동 이상 유무	
		도장(페인트)	도장 상태, 오염, 곰팡이, 시공 불량 등	
	벽	철재현관문/문틀	외관상태(부착 상태, 긁힘,찌그러짐, 표면 파손, 오염 등), 작동 상태(개폐 기능)	
		디지털 도어록	문틀·문표면 불량, 문의 밀폐 상태, 말발굽 미설치 등	
		현관 중문/문틀	외관 상태(부착 상태, 긁힘, 찌그러짐, 표면 파손, 오염 등), 작동 상태(현관 방화문이 현관 바닥에 닿는지, 완전히 개폐해 보기), 문손잡이 기능상태	
			찍힘, 들뜸, 파손, 오염, 유리고정 상태	
		신발수납장	외관 상태 및 수납장 문 작동 상태	
		전신거울	수평수직 불량, 찍힘, 들뜸, 손잡이 탈락, 파손 등	
		도장	외관 상태(부착 상태, 파손 유무 등)	
		전원분전반	도장상태, 오염, 곰팡이, 시공 불량 등	
	바닥	바닥재	외관상태(부착상태, 오염, 곰팡이, 시공불량 등), 타일 및 바닥 시공 상태	
			바닥 대리석 불량, 균열, 파손 등	
		바닥 타일/드레인	외관상태(부착 상태, 오염, 곰팡이, 시공불량 등), 줄눈 불량, 깨짐, 일어남 등 바닥의 물 빠짐 (평활 경사도 확인)	
			외관상태(부착상태, 오염, 곰팡이, 시공불량등) 줄눈 불량, 깨짐, 일어남 등	

침실	• 방문을 열고 닫아 휨 상태 점검			
	• 닫았을 때 위와 아래로 균일하게 닫히는지 확인 후 휨 상태 점검			
	• 열쇠가 있는 도어는 열쇠가 잘 작동하나 확인			
	• 도배지는 찢긴 데가 없는지 확인			
	• 창틀, 출입문 주위 벽지 부착 상태 점검			
	• 난간대 고정 및 주위(마감, 이전) 여부			
	• 수납 공간의 내부 선반 고정 여부			
	• 드레스룸 점검			
	• 드레스룸 수납장 목재 부분 휨 상태			
	• 벽 천장 등의 도배 및 벽지 상태			
	• 바닥이 고른지 여부			
	천장	화재 감지기	외관 상태(부착 상태, 파손 유무 등)	
			몰딩 외관 상태(시공 불량, 들뜸 등) 확인	
		도배	외관 상태(찍힘, 파손, 터짐, 찢어짐, 오염 등) 확인	
			이음매, 찍힘, 파손, 오염	
	벽	문/문틀/잠금장치	외관 상태(부착 상태, 긁힘, 찌그러짐, 표면 파손, 오염 등), 작동 상태(개폐 기능), 문 손잡이 기능 상태	
			찍힘, 들뜸, 파손, 오염	
		전등/스위치/콘센트	외관 상태(부착 상태, 파손 유무 등) 이상 유무, 작동 이상 유무	
		붙박이장	외관상태(장 및 문 상태 확인), 장 내부 외관 확인, 문 및 내부 기능 확인 찍힘, 들뜸, 파손, 오염, 선반	
		새시 유리문/문틀	외관 상태(설치 상태, 파손 유무 등), 개폐 기능 확인, 잠금 장치 기능 확인	
욕실	• 타일 깨진데 없는지, 타일 줄눈 누락 여부 확인			
	• 바닥타일 접착 점검 및 물이 잘 빠지는지 확인			
	• 거울이 깨지진 않았는지			
	• 수건걸이 상태			
	• 환풍기 작동 여부			
	• 거울 주위와 문틀 주변의 코킹은 깨끗한지 확인			
	• 욕조가 깨지지는 않았는지(욕조마개, 코킹배수 및 기능)			
	• 욕조 물은 잘 빠지는지 확인			
	• 양변기 설치 상태(파손, 백시멘트 마감, 누수 및 기능)			

CLOSING — TREND ③ 입주 전 사전점검

욕실				
	• 수도꼭지, 거울, 수건걸이, 휴지걸이 부착 기능 및 상태			
	• 천장 마감 상태			
	• 욕조, 문틀 주위 패킹 시공 상태			
	천장	환기구/팬	스위치 전용커버, 외관 상태 및 작동 상태, 작동 소음 확인	
		도배/도장	도장/도배상태, 오염, 곰팡이, 시공 불량 등	
	벽	문/문틀/잠금장치	외관 상태(부착 상태, 긁힘, 찌그러짐, 표면 파손, 오염 등), 작동 상태(개폐 기능), 문 손잡이 기능 상태	
			찍힘, 들뜸, 파손, 오염, 문틀 실리콘 실링 상태 확인	
		전등/스위치/콘센트	외관 상태(부착 상태, 파손 유무 등) 이상 유무, 작동 이상 유무	
		수납장	외관 상태(수납장 및 문 상태 확인), 수납장 내부(선반, 외관 상태 확인)	
			찍힘, 들뜸, 파손, 오염	
		거울	외관 상태(부착 상태, 파손 유무 등)	
		세면기/수전	외관 상태(설치 상태, 파손 유무 등) 확인, 기능/작동 이상 유무, 손망실 유무	
		수건, 휴지걸이	외관 상태(부착 상태, 파손 유무 등)	
			고정 불량, 누락, 파손 등	
		세면기/수전	외관 상태(설치 상태, 파손 유무 등) 확인, 기능/작동 이상 유무, 손망실 유무	
		양변기	외관 상태(설치 상태, 파손 유무 등) 확인, 기능/작동 이상 유무, 손망실 유무	
			변기 덮개 파손	
		샤워부스(유리문)	외관 상태(부착 상태, 파손 유무 등), 개폐 기능 정상 확인, 고정 상태	
		샤워기	외관 상태(설치 상태, 파손 유무 등) 확인, 기능/작동 이상 유무, 손망실 유무	
			비누 놓는 곳	
			외관 상태(부착 상태, 파손 유무 등)	
			고정 불량, 누락, 파손 등	
		벽타일	외관 상태(부착 상태, 오염, 곰팡이, 시공 불량 등)	
			깨짐, 일어남 등	
			바닥 바닥 타일/드레인	
			외관 상태(부착 상태, 오염, 곰팡이, 시공 불량 등), 줄눈 불량, 깨짐, 일어남 등	
			바닥의 물 빠짐(평활 경사도 확인)	

거실		• 창문의 열고 닫힘 심태로 원상태 점검		
		• 유리창의 문틀 고정 및 파손 여부		
		• 도어록 상태 점검		
		• 반자돌림 상태		
		• 걸레받이 상태		
		• 재료분리대 설치상태		
		• 새시		
		• 바닥 재료		
		• 바닥재 찍힘 여부		
		• 바닥재의 이음 부위, 모서리 접착 상태		
		• 도배지 접착 상태와 훼손 여부		
		• 거실장이 있는 경우 서랍의 작동 상태, 표면 흠집 확인		
		• 천장의 도배지 긁힌 것과 벽체 도배 찢김 여부 확인		
	천장	우물천장/도배	외관상태(긁힘, 터짐 처짐 등 시공 불량) 확인	
			도장 불량, 이색, 찍힘 등, 복도 부위 확인	
			외관 상태(부착 상태, 파손 유무 등) 이상 유무, 작동 이상 유무, 손망실 유무	
			복도 전등, 주방 앞 간접조명 전등 확인	
		화재 감지기	외관 상태(부착 상태, 파손 유무 등)	
		몰딩	외관 상태(시공 불량, 들뜸 등)	
		엘리베이터 콜스위치	외관상태(부착 상태, 파손 유무 등) 이상 유무, 작동 이상 유무	
		콘센트/스피커 단자	외관상태(부착 상태, 파손 유무 등) 이상 유무	
		엘리베이터 콜스위치	외관상태(부착 상태, 파손 유무 등) 이상 유무, 작동 이상 유무	
		비디오폰	외관상태(부착 상태, 파손 유무 등) 이상 유무, 작동 이상 유무	
		보일러 조절기	외관상태(부착 상태, 파손 유무 등) 이상 유무, 작동 이상 유무	
		비상등	외관상태(부착 상태, 파손 유무 등)	
		새시유리문/문틀	외관상태(설치 상태, 파손 유무 등), 개폐 기능 확인, 잠금장치 기능 확인	
		도배	외관상태(찍힘, 파손, 터짐, 찢어짐, 오염등) 확인, 복도부위 상태 확인	
	바닥	엘리베이터 콜스위치	외관상태(부착 상태, 파손 유무 등) 이상 유무, 작동 이상 유무	
		장판	외관 상태(찍힘, 찢어짐, 오염 등) 확인	

자료 업계취합

2024년 입주예정 1000가구 이상 민영 아파트

시도	시군구	읍면동	아파트명	총가구수	유형	예정입주월
서울특별시	강동구	길동	강동헤리티지자이	1,299	재건축	6월
서울특별시	강북구	미아동	북서울자이폴라리스	1,045	재개발	8월
경기도	고양시 덕양구	성사동	원당역롯데캐슬스카이엘	1,236	재개발	8월
경기도	광명시	광명동	트리우스광명	3,344	재개발	12월
경기도	광명시	광명동	호반써밋그랜드에비뉴(10R)	1,051	재개발	10월
경기도	김포시	고촌읍	고촌센트럴자이(A3)	1,297	분양	6월
경기도	수원시 장안구	정자동	북수원자이렉스비아	2,607	재개발	3월
경기도	안산시 단원구	선부동	안산중흥S클래스더퍼스트	1,021	재건축	1월
경기도	안양시 만안구	안양동	안양역푸르지오더샵	2,736	재건축	10월
경기도	안양시 동안구	비산동	평촌엘프라우드	2,739	재개발	6월
경기도	안양시 동안구	호계동	평촌트리지아	2,417	재개발	8월
경기도	용인시 처인구	고림동	힐스테이트용인둔전역	1,721	분양	1월
경기도	용인시 처인구	고림동	힐스테이트용인고진역(D1)	1,345	분양	8월
경기도	용인시 처인구	고림동	힐스테이트용인고진역(D2)	1,358	분양	8월
경기도	용인시 처인구	김량장동	용인드마크데시앙	1,308	재개발	3월
경기도	용인시 처인구	유방동	용인보평역서희스타힐스리버파크	1,963	조합	3월
경기도	용인시 처인구	모현읍	힐스테이트몬테로이(1BL)	1,043	분양	11월
경기도	용인시 처인구	모현읍	힐스테이트몬테로이(3BL)	1,370	분양	11월
경기도	파주시	문산읍	파주문산역2차동문디이스트	1,503	분양	6월
경기도	파주시	당하동	운정신도시제일풍경채그랑퍼스트(A5)	1,926	분양	1월
경기도	오산시	원동	오산롯데캐슬스카이파크	2,339	분양	1월
경기도	오산시	궐동	오산세교2지구중흥S클래스에듀파크(A4)	1,245	분양	10월
경기도	평택시	서정동	힐스테이트평택더퍼스트	1,107	재건축	2월
경기도	안성시	당왕동	e편한세상안성그랑루체	1,370	분양	10월
경기도	화성시	봉담읍	봉담자이프라이드시티(A1)	1,701	분양	7월
경기도	화성시	봉담읍	힐스테이트봉담프라이드시티(A2)	2,333	분양	8월
부산광역시	동래구	온천동	래미안포레스티지	4,043	재개발	9월
부산광역시	부산진구	부암동	백양산부암서희스타힐스	1,295	조합	12월
부산광역시	사하구	장림동	두산위브더제니스센트럴사하	1,643	재개발	9월
대구광역시	달서구	본리동	달서SK VIEW	1,196	재건축	6월
대구광역시	동구	신천동	더샵디어엘로	1,190	재건축	4월
대구광역시	동구	신암동	동대구역센텀화성파크드림	1,458	재개발	3월
대구광역시	서구	평리동	서대구역센텀화성파크드림	1,404	재개발	8월
인천광역시	계양구	작전동	힐스테이트자이계양	2,371	재개발	3월
인천광역시	미추홀구	학익동	시티오씨엘1단지	1,131	분양	3월
인천광역시	미추홀구	학익동	학익SK뷰	1,581	재개발	9월

시도	시군구	읍면동	아파트명	총가구수	유형	예정입주월
인천광역시	미추홀구	주안동	더샵아르테	1,146	재개발	6월
인천광역시	부평구	부평동	부평역해링턴플레이스	1,909	재개발	11월
인천광역시	서구	불로동	제일풍경채검단 I (AA15)	1,425	분양	11월
인천광역시	연수구	송도동	힐스테이트송도더스카이(B2)	1,205	분양	2월
인천광역시	연수구	송도동	송도자이크리스탈오션(A10)	1,503	분양	6월
인천광역시	연수구	송도동	송도자이더스타(A17)	1,533	분양	12월
인천광역시	강화군	선원면	인천강화서희스타힐스(1단지)	1,040	조합	8월
광주광역시	북구	임동	금남로중흥S-클래스&두산위브더제니스	2,240	재개발	2월
광주광역시	북구	신용동	힐스테이트신용더리버	1,647	조합	3월
강원도	강릉시	교동	강릉롯데캐슬시그니처	1,305	분양	11월
강원도	원주시	지정면	원주기업도시EGthe1 3차	1,516	분양	5월
경상남도	거제시	상동동	더샵거제디클리브	1,288	분양	1월
경상남도	김해시	안동	김해푸르지오하이엔드2차	1,380	분양	7월
경상남도	양산시	덕계동	트리마제양산(1단지)	1,066	분양	8월
경상남도	양산시	상북면	두산위브더제니스양산	1,368	분양	5월
경상남도	창원시 성산구	대원동	창원센트럴파크에일린의뜰	1,470	재건축	5월
경상북도	구미시	거의동	구미푸르지오엘리포레시티(2BL)	1,006	분양	10월
경상북도	구미시	산동읍	구미확장단지중흥S클래스에듀포레(3BL)	1,555	분양	1월
경상북도	포항시 남구	오천읍	포항아이파크	1,144	분양	6월
경상북도	포항시 북구	흥해읍	삼구트리니엔	1,156	분양	7월
경상북도	포항시 북구	흥해읍	한화포레나포항	2,192	분양	3월
경상북도	포항시 북구	흥해읍	힐스테이트초곡	1,866	분양	2월
경상북도	포항시 북구	흥해읍	포항한신더휴펜타시티(A2)	1,597	분양	12월
전라남도	순천시	조례동	트리마제순천(1단지)	1,314	분양	11월
전라북도	익산시	마동	익산제일풍경채센트럴파크	1,566	분양	9월
충청남도	아산시	신창면	아산삼부르네상스더힐	1,016	분양	1월
충청남도	천안시 동남구	풍세면	천안한양수자인에코시티	3,200	분양	2월
충청남도	천안시 동남구	다가동	천안극동스타클래스더퍼스트	1,225	재건축	7월
충청남도	천안시 서북구	성성동	천안성성비스타동원	1,195	분양	8월
충청남도	당진시	수청동	당진센트레빌르네블루2차(44B1L)	1,460	분양	7월
충청남도	예산군	삽교읍	내포신도시중흥S클래스더시티(RH3)	1,120	분양	10월
충청북도	청주시 흥덕구	봉명동	청주SK뷰자이	1,745	재건축	6월
충청북도	음성군	대소면	음성푸르지오더퍼스트(B3)	1,048	분양	10월
충청북도	진천군	덕산읍	충북혁신도시동일하이빌파크테라스(C2)	1,010	분양	2월
세종특별시	세종시	산울동	세종자이더시티(6-3L1)	1,350	분양	7월

※ 2023.11.06 조사 기준 자료이며, 상기 내용은 변경될 수 있음. **자료** 부동산R114 REPS

2024년 시도별 아파트 입주예정 물량

지역	1월	2월	3월	4월	5월	6월	7월	8월	9월	10월	11월	12월	2024년
강원	1,915	1,236	721	206	1,516	318	1,255	280		1,450	1,503	1,988	12,388
경기	17,803	12,532	12,852	3,424	6,420	11,039	3,434	13,726	2,880	9,560	5,159	12,014	110,843
경남	2,799	1,914	3,288	1,066	4,362	978	2,510	2,132	832	263	808	1,071	22,023
경북	3,163	1,866	2,981	3,343		1,847	2,743		1,235	2,228	1,328	3,107	23,841
광주	811	3,067	1,647	397	858	182	414	364		542	291	813	9,386
대구	230	3,726	3,065	2,783	545	2,300	1,852	1,875	676	2,353	1,635	1,396	22,436
대전		2,427	420		1,791		3,082	934			613	1,423	10,690
부산	1,078		526	200	2,002	2,270	440		5,939			1,991	14,446
서울	1,183	593	931	1,733		1,299	321	1,201	999	327	752	317	9,656
세종	1,350						1,350		660	256			3,616
울산	803		772		191		967	312		607		848	4,500
인천	2,724	3,859	3,502		1615	3,526		1,324	1,581	583	3,845	2,957	25,516
전남				1,744	1,488	1,431	1217	1,278	99	902	2,139		10,298
전북	1,753	150	410	748	660			320	2,093	2,486	181	886	9,687
제주	268		143	213			142						766
충남	3,979	5,009	2,320	875			2,953	1,654	4,159	1,120			22,069
충북	56	1,010	2,979	1,673	572	1,945	687	1,598		2,802		630	13,952
전국	39,915	37,389	36,557	18,405	22,020	27,135	23,367	26,998	21,153	25,479	18,254	29,441	32,6113
수도권	21,710	16,984	17,285	5,157	8,035	15,864	3,755	16,251	5,460	10,470	9,756	15,288	146,015
지방	18,205	20,405	19,272	13,248	13,985	11,271	19,612	10,747	15,693	15,009	8,498	14,153	180,098

※ 2023.11.06 조사 기준 자료이며, 상기 내용은 변경될 수 있음 ※임대 포함 총가구수
자료 부동산R114 REPS

서울·경기 주택 부동산 중개보수 요율표

거래 내용	거래 금액	상한요율	한도액
매매·교환	5천만원 미만	1천분의 6	25만원
	5천만원 이상 ~ 2억원 미만	1천분의 5	80만원
	2억원 이상 ~ 9억원 미만	1천분의 4	없음
	9억원 이상 ~ 12억원 미만	1천분의 5	없음
	12억원 이상 ~ 15억원 미만	1천분의 6	없음
	15억원 이상	1천분의 7	없음

거래 내용	거래 금액	상한요율	한도액
임대차등 (매매·교환 이외)	5천만원 미만	1천분의 5	20만원
	5천만원 이상 ~ 1억원 미만	1천분의 4	30만원
	1억원 이상 ~ 6억원 미만	1천분의 3	없음
	6억원 이상 ~ 12억원 미만	1천분의 4	없음
	12억원 이상 ~ 15억원 미만	1천분의 5	없음
	15억원 이상	1천분의 6	없음

※주택의 부속 토지, 주택분양권 포함 자료 서울시, 경기도

수도권 광역철도 계획

GTX-A
사업 구간 파주 운정역 ↔ 화성 동탄역
연장 82.1km
총 사업비 5조6603억원
단축 효과 – 기존 대비 약 60~75% 단축
 – 동탄 ~ 수서: 19분
 – 운정 ~ 서울: 20분
착공 및 개통 계획 2024년 수서 ~ 동탄 개통
 2024년 운정 ~ 서울역 개통
 2028년 전 구간 개통

GTX-B
사업 구간 인천대입구역 ↔ 남양주 마석역
연장 82.8km
총 사업비 6조4405억원
단축 효과 – 기존 대비 약 60~75% 단축
 – 인천대입구 ~ 서울: 29분
 – 마석 ~ 서울: 28분
착공 및 개통 계획 2024년 착공, 2030년 개통

GTX-C
사업 구간 양주 덕정역 ↔ 수원역
연장 86.46km
총 사업비 4조6084억원
단축 효과 – 기존 대비 약 55~65% 단축
 – 덕정 ~ 삼성: 29분
 – 수원 ~ 삼성: 28분
착공 및 개통 계획 2023년 착공, 2028년 개통

서부권 광역급행철도
사업 구간 김포 장기역 ↔ 부천 종합운동장역
연장 21.1km
총 사업비 2조2475억원
단축 효과 – 기존 대비 약 45~75% 단축
 – 장기 ~ 부천종합운동장: 15분
 – 장기 ~ 용산: 26분
착공 및 개통 계획 2024년 사업 추진 확정

신안산선
사업 구간 안산 시흥역 ↔ 여의도역
연장 44.9km
총 사업비 4조3055억원
단축 효과 – 기존 대비 약 50~75% 단축
 – 한양대 ~ 여의도: 25분(급행)
 – 원시 ~ 여의도: 36분
 – 시흥시청 ~ 여의도: 22분
착공 및 개통 계획 2020년 착공, 2025년 개통

신분당선 용산~강남
사업 구간 용산역 ↔ 강남역
연장 7.8km
총 사업비 1조6470억원
단축 효과 – 기존 대비 약 60~65% 단축
 – 용산 ~ 신사: 7분
 – 용산 ~ 강남: 12분
착공 및 개통 계획 2022년 강남~신사 개통 완료
 사업재개 추진

신분당선 광교~호매실
사업 구간 수원시 영통구 ↔ 권선구
연장 10.1km
총 사업비 1조916억원
단축 효과 – 기존 대비 약 60 ~ 65% 단축
 – 호매실 ~ 강남: 47분
착공 및 개통 계획 2024년 착공, 2029년 개통

대장홍대선
사업 구간 부천 대장지구 ↔ 서울 홍대입구역
연장 20.1km
총 사업비 2조1147억원
단축 효과 – 기존 대비 약 60% 단축
 – 부천 대장 ~ 홍대입구역: 21분
착공 및 개통 계획 2025년 착공, 2031년 개통

서해선(일반)
사업 구간 운정 ↔ 홍성
연장 147.7km
총 사업비 7조9669억원
단축 효과 – 기존 대비 약 50% 단축
 – 홍성 ~ 대곡: 82분
착공 및 개통 계획 2025년 개통

인덕원~동탄선(일반)
사업 구간 인덕원 ↔ 동탄
연장 39km
총 사업비 4조1922억원
단축 효과 – 기존 대비 약 55% 단축
 – 인덕원 ~ 동탄: 32분
착공 및 개통 계획 2028년 개통

월곶~판교선(일반)
사업 구간 월곶 ↔ 판교
연장 34.2km
총 사업비 2조9426억원
단축 효과 – 기존 대비 약 45% 단축
 – 송도 ~ 판교: 37분
착공 및 개통 계획 2028년 개통

별내선(8호선 연장)
사업 구간 암사역 ↔ 별내역
연장 12.9km
총 사업비 1조3806억원
단축 효과 – 기존 대비 약 40% 단축
 – 별내역 ~ 잠실역: 27분
착공 및 개통 계획 2015년 착공 2024년 개통

도봉산~포천 1단계(7호선 연장)
사업 구간 도봉산역 ↔ 옥정역
연장 15km
총 사업비 7142억원
단축 효과 – 기존 대비 약 30% 단축
 – 양주~서울 북부: 40분
착공 및 개통 계획 2020년 착공, 2026년 개통

도봉산~포천 2단계(7호선 연장)
사업 구간 옥정역 ↔ 포천역
연장 17.5km
총 사업비 1조4874억원
단축 효과 – 기존 대비 약 35% 단축
 – 포천~서울 북부: 55분
착공 및 개통 계획 2024년 착공, 2029년 개통

강동·하남·남양주선(9호선 연장)
사업 구간 강동 ↔ 하남 ↔ 남양주
연장 18.1km
총 사업비 2조1032억원
단축 효과 – 기존 대비 약 45% 단축
 – 진접 ~ 강일: 35분
착공 및 개통 계획 2025년 착공 2030년 개통

고양~은평선
사업 구간 새절 ↔ 고양시청
연장 13.9km
총 사업비 1조4100억원
단축 효과 – 기존 대비 약 40% 단축
 – 고양시청 ~ 새절역: 20분
착공 및 개통 계획 2025년 착공, 2030년 개통

송파~하남선(3호선 연장)
사업 구간 오금 ↔ 하남시청
연장 12km
총 사업비 1조4163억원
단축 효과 – 기존 대비 약 30% 단축
 – 하남시청 ~ 오금역: 25분
착공 및 개통 계획 2026년 착공, 2030년 개통

위례과천선
사업 구간 과천정부사법조타운 ↔ 압구정
연장 28.5km
총 사업비 3조1876억원
단축 효과 – 기존 대비 약 50% 단축
 – 위례·과천 ~ 압구정: 25분
착공 및 개통 계획 2024년 사업 추진 확대

Specialist...

고준석
고준석 대표는 동국대학교에서 법학박사 학위를 받고 같은 학교 법무대학원에서 겸임교수를 지냈다. 신한은행에서 여러 지점 지점장을 지냈고 PWM센터장, 부동산투자자문센터장도 역임했다. 현재는 제이에듀투자자문 대표와 GLG(Gerson Lehrman Group) 자문위원으로 활동하고 있다.

채상욱
채상욱 대표는 아주대학교에서 건축공학 학사 학위를 받고 건국대학교 부동산대학원에서 석사를 마쳤다. 2004년 삼성물산에 입사해 2008년엔 한국표준협회에 있었다. 2011년 LIG증권 건설부문 애널리스트로 있다가 2014년 하나금융투자에서 건설 및 부동산 애널리스트로 몸담았다. 현재는 커넥티드그라운드 대표와 업라이즈 부동산 애널리스트를 겸하고 있다. 부동산 유튜버로도 활발하게 활동 중이다.

표영호
표영호 대표는 대중의 경제적 자유를 돕는 유튜브 채널 '표영호TV'를 운영하고 있다. 혼란스러운 부동산 시장에서 투자 인사이트를 얻고자 하는 개인 투자자들에게 정확한 정보를 전달하려 노력하고 있다. 한국 대표 기업인 및 전문직 종사자와 소통하는 단체 '한국미래가치포럼'과 CEO 커뮤니티 '굿마이크 LSA'도 설립해 운영하고 있다.

박지민
박지민 대표는 2017년부터 건국대학교와 동국대학교, 부동산 투자카페 등에서 청약·분양권 수업을 진행하기 시작했다. 네이버 카페 '월용카페'와 네이버 블로그 '월용이의 부동산 일지' 등을 운영 중이다. 청약 1000건 이상을 당첨시킨 이력이 있다.

이주현
이주현 선임연구원은 지지옥션에서 활동하며 각종 경·공매 데이터 등을 분석한다. 한국자산관리공사 온비드발전위원회 자문위원도 겸하고 있다. 〈지지옥션 경매 상담사례 100선〉 등 저서를 내기도 했고 부동산 경매 칼럼니스트로 각종 매체에서 활약하고 있다.

김제경
김제경 대표는 현재 투미부동산컨설팅 소장이다. KB금융지주 경영연구소 부동산 자문위원으로도 활동하고 있다. 도시계획기사, 정비사업전문관리사, 공인중개사, 자산관리사(은행PF), 투자자산운용사 등 다양한 방면의 자격증도 가지고 있다. 재개발과 재건축 전문가로 시장에서 활발하게 활동 중이다.

김예림
김예림 변호사는 법무법인 심목 대표변호사다. 재개발과 재건축 등 부동산 분야를 전문으로 담당한다. 한국외국어대학교에서 겸임교수를 맡고 있고 한국토지주택공사(LH) 공공정비사업단 자문위원과 투자심사위원회 심사위원도 맡고 있다.

김종율
김종율 대표는 2002년 1월부터 2006년 11월까지 한국미니스톱 편의점 점포개발본부에서 부동산 법제 업무를 맡았다. 이어 2006년 11월부터 2007년 7월까지 삼성테스코 홈플러스 점포건설부문에 몸담았다가 2007년 7월부터 2011년 11월까지는 GS리테일 편의점 사업부 점포개발 부문에서 일했다. 현재는 김종율아카데미 원장을 맡고 있고 건국대학교, KBS, 국민은행 등에서 부동산 강의를 하고 있다.

여경희
여경희 수석연구원은 현재 부동산 전문 리서치업체 부동산R114 리서치팀에서 활동하고 있다. 이전엔 부동산인포연구원, 한국건설산업연구원 초빙연구원 등으로 활동했다. 한양대학교 부동산융합대학원에서 석사 학위를 받았다.

이승현

이승현 진진세무회계사무소 대표는 고려대학교 경영학과, 건국대학교 부동산대학원을 졸업했다. 현재는 부동산절세연구소장이며, 삼일회계법인에서 근무했다. 한국공인회계사, 세무사, IFRS관리사, 투자자산운용사, 자산관리사 등의 자격증도 가지고 있다.

정인국

정인국 변호사는 고려대학교 법학과를 졸업했다. 제45회 사법시험에 합격하고 사법연수원 35기를 수료했다. 법무법인 바른에서 발을 넓히다 현재는 한서법률사무소에서 상속과 증여 관련한 사건을 전문으로 담당하고 있다. 미국 공인 회계사 시험도 합격했고 조세심판원 국선심판대리인이기도 하다. 한경닷컴 더머니이스트를 통해 '정인국의 상속대전'이라는 칼럼도 연재한다.

심형석

심형석 소장은 한국건설산업연구원 연구위원을 거쳐 부동산 리서치업체 부동산R114 이사로 재직했다. 영산대학교에서는 부교수로, 성결대학교에서는 교수로 학생들을 가르쳤다. 현재는 미국 인터내셔널 아메리칸 대학교 교수로 있으면서 우대빵부동산연구소장을 겸하고 있다.

도움 주신 분들(가나다순)

강영훈 '부동산 스터디' 카페 대표	**신현강** 부와 지식의 배움터 대표
강은현 EH경매연구소 소장	**양지영** 양지영R&C연구소장
고상철 미스터홈즈부동산중개 대표	**우병탁** 신한은행 부동산투자자문센터 팀장
권대중 명지대 부동산학과 교수	**윤지해** 부동산R114 수석 연구원
권 일 부동산인포 리서치팀장	**이광수** 광수네복덕방 대표
김규정 한국투자증권 자산승계연구소장	**이상우** 인베이드투자자문 대표
김기원 리치고 대표	**이영래** 부동산서베이 대표
김동욱 CLK 대표	**이월무** 미드미디앤씨 대표
김성환 한국건설산업연구원 부연구위원	**이은형** 대한건설정책연구원 책임연구위원
김세련 이베스트투자증권 연구원	**이종원** 아포유 대표
김승배 피데스개발 대표	**이주현** 지지옥션 전문위원
김진웅 NH투자증권100세시대연구소 부소장	**임병철** 부동산114 수석연구원
김진유 경기대 도시교통공학과 교수(한국주택학회 회장)	**장재현** 리얼투데이 이사/리서치팀장
김학렬 스마트튜브 소장	**정상령** DL이앤씨 책임
박원갑 KB국민은행 부동산 수석전문위원	**조은상** 리얼투데이 본부장
박지민 월용청약연구소 대표	**최원철** 한양대 특임교수
백광제 교보증권 수석연구원	**최재견** 신영 이사
서영렬 제일건설 기획실장	**최진철** DK아시아 수석부장
서진형 경인여대 교수	**함영진** 직방 빅데이터랩장
송승현 도시와경제 대표	

한경 MOOK
2024 부동산 전망
전문가 50인의 부동산 대예측

펴낸날	초판 1쇄 발행 2023년 11월 20일
발행인	김정호
편집인	하영춘
펴낸곳	한국경제신문
글	**외부 필진** 고준석·채상욱·표영호·박지민·이주현·김제경 김예림·김종율·여경희·이승현·정인국·심형석 **한경닷컴** 김하나·이송렬
기획 총괄	김하나
제작 총괄	이선정
편집	강은영
디자인	윤석표
판매 유통	정갑철·선상헌·조종현
인쇄	제이엠프린팅
등록	제2006-000008호
주소	서울시 중구 청파로 463 한국경제신문
구입 문의	02-360-4859
홈페이지	www.hankyung.com

값 20,000원
ISBN | 978-89-475-0044-9(93320)

한경무크 〈2024 부동산 전망〉은 각계각층의 전문가가 분석한 내년도 부동산 시장 전망을 비롯, 부동산 재테크·내 집 마련 가이드·절세법 등 다양한 부동산 정보를 한 권에 담은 책입니다.

● 잘못 만들어진 책은 구입하신 곳에서 교환해드립니다.
● 이 책은 저작권법에 따라 보호받는 저작물이므로 무단 전재와 복제를 금합니다.